Hermann Paasche

Die rechtliche und wirthschaftliche Lage des Bauernstandes in Mecklenburg-Schwerin

Hermann Paasche

Die rechtliche und wirthschaftliche Lage des Bauernstandes in Mecklenburg-Schwerin

ISBN/EAN: 9783742809247

Hergestellt in Europa, USA, Kanada, Australien, Japan

Cover: Foto ©ninafisch / pixelio.de

Manufactured and distributed by brebook publishing software (www.brebook.com)

Hermann Paasche

Die rechtliche und wirthschaftliche Lage des Bauernstandes in Mecklenburg-Schwerin

Die

rechtliche und wirthschaftliche Lage des Bauernstandes

in

Mecklenburg-Schwerin.

Von

Dr. H. Paasche,
Professor an der Universität Rostock.

Separatabdruck
aus „Schriften des Vereins für Socialpolitik", XXIV.

VIII.

Die rechtliche und wirthschaftliche Lage des Bauern-standes in Mecklenburg-Schwerin.

Von

Prof. Dr. H. Paasche in Rostock.

Einleitung.

Die Verhältnisse des mittleren und kleinen ländlichen Grundbesitzes sind in den beiden Großherzogthümern Mecklenburg so eigenartig, so grundverschieden von denen des übrigen deutschen Vaterlandes, daß eine Schilderung der Mecklen-burgischen Verhältnisse in einem Sammelband, der die bäuerlichen Zustände in Deutschland zur Anschauung bringen soll, auch eine ganz eigenartige Stellung einnehmen muß.

Unsere Bauern haben allerdings auch ihre und größtentheils recht traurige Geschichte; aber der größte Theil unseres gegenwärtigen Bauernstandes in seiner heutigen socialen und rechtlichen Stellung hat eigentlich noch keine Ge-schichte. Denn von einer selbständigen Entwicklung eines freien Bauernstandes ist hier so gut wie gar nicht die Rede, von alter guter Bauernsitte in Erbgang, Vertheilung des Grund und Bodens, Wirthschaftsweise 2c. kann des-wegen nur in beschränktem Umfange gesprochen werden.

Was Mecklenburg an Bauerngütern und kleinerem Grundbesitz aufzuweisen hat, ist in seinen Größenverhältnissen, in der Lage seines Grund und Bodens, in seinen Rechten und Pflichten fast ausschließlich ein Erzeugniß des Willens der Grundherrschaft und in seiner gegenwärtigen Gestalt erst in den letzten Jahrzehnten entstanden. Je nachdem nun diese Grundherrschaft, — die großherzogliche Regierung als Besitzer des ausgedehnten Domaniums, die Ritterschaft, die Städte und endlich die drei Landesklöster — die Bedeutung der Erhaltung eines kräftigen Bauernstandes erkannt und dessen Interessen wahrgenommen oder andererseits die Erweiterung des eigenen Hoffeldes auf Kosten der Bauern in den Vordergrund gestellt hat, ist auch die Lage des heutigen, mittleren und kleineren Grundbesitzes bald eine gute, bald eine weniger zufriedenstellende.

Aus dieser mehr oder minder künstlichen Schaffung des Bauernstandes in seiner gegenwärtigen Gestalt ergiebt sich auch die eigenthümliche Gruppirung desselben in mehrere, streng von einander geschiedene Classen, zwischen denen die Bildung von Mittelgliedern und Uebergangsformen durch die bestehende Gesetzgebung aus= geschlossen ist.

Von einem völlig freien Eigenthum der Bauern (im weitesten Sinne des Wortes alle kleineren Grundbesitzer in ländlichen Gemeinden umfassend) ist mit vereinzelten Ausnahmen nicht die Rede; vielmehr sind die bäuerlichen Besitzer, wo sie nicht noch nach altem Bauernrecht sitzen, d. h. als eine Art von Zeitpächter angesehen werden und von der Gnade der Gutsherrschaft ab= hängig sind, Erbpächter ihrer Hufen und haben sich den ihnen durch ihre Erbpachtcontracte auferlegten, bald mehr, bald minder weitgehenden Beschränkungen der freien Dispositionsbefugniß zu unterwerfen.

Dadurch sind die bäuerlichen und kleinbäuerlichen Besitzungen da, wo über= haupt festere Besitzes= und Erbrechte geschaffen sind, in ihren Größen= verhältnissen unabänderlich gegeben, bilden eine selbständige Nahrungs= stelle, die als solche erhalten werden muß, nicht parcellirt, nicht zusammengelegt, nicht weiter verpachtet werden kann.

Es können daher selbstverständlich einzelne Fragen, die der Verein für Socialpolitik gestellt hat, für Mecklenburg gar nicht beantwortet werden, aber wir glauben, daß trotzdem die hiesigen Verhältnisse für die Leser der Berichte einiges Interesse in Anspruch nehmen dürfen und gerade bei der gegenwärtigen Bewegung in der Wissenschaft doppeltes Interesse erwarten können, weil hier seit einer Reihe von Jahren und in weit größerer Ausdehnung, als in anderen Theilen des deutschen Reiches die Vererbpachtung der Bauernhufen eingeführt ist, die nicht mit Unrecht als zweckmäßige Besitzesform für etwaige Reformen der Grundbesitzverhältnisse empfohlen wird.

Wir haben ferner in Mecklenburg, was anderswo mit vielem Eifer erstrebt wird, untheilbare Bauernhufen, haben ein Intestat=Erbrecht mit Vorzug des Anerben, Abfindungen und Altentheilen, — haben theilweise auch Beschränkung der hypothekarischen Verschul= dung der Bauerhufen, und Unantastbarkeit dieser Heimstätte bei Zwangsversteigerungen, — kurz alles, was heutzutage so vielfach als Heil= mittel gegen die Noth des Bauernstandes empfohlen wird.

Deswegen glauben wir auch berechtigt zu sein, etwas ausführlicher gerade auf die hiesigen Verhältnisse einzugehen, weil an ihnen vielleicht am besten die Wirkung all dieser Maßregeln für das Gedeihen und die Erhaltung eines lebensfähigen Bauernstandes erforscht werden kann [1]).

Ein anderer Grund, der uns veranlaßt, detaillirter als vielleicht den Zwecken dieser Publication entspricht, die Besitzverhältnisse darzulegen, ist der, daß vielfach irrige Anschauungen über Mecklenburg verbreitet sind, und es

---

[1]) Daß wir die bezüglichen Untersuchungen nicht selber in dieser Arbeit an= stellen können, ist wohl selbstverständlich; denn der Verein für Socialpolitik fordert ja mit Recht nur „sorgfältige und unbefangene Ermittelung der thatsächlichen Zu= stände". Wir haben uns deswegen hauptsächlich auf eine Darstellung der eigenartigen Verhältnisse beschränkt.

nicht gerade leicht ist, über die Zustände in diesem, wie so oft gesagt wird, noch in den Fesseln des Feudalismus schmachtenden ständischen Staatswesen sich Klarheit zu verschaffen.

Eine Publikation der gesammelten Materialien hat deshalb vielleicht auch einen selbständigen Werth für die Erkenntniß der hier herrschenden Verhältnisse und ihrer Entwicklung.

1. Die Vertheilung des Grundbesitzes.

Eine für den ganzen Umfang des Großherzogthums gültige Statistik der Vertheilung des Grund und Bodens ist leider bis jetzt nicht bekannt geworden. Vielleicht ist das der Grund, daß die seltsamsten Anschauungen über die hiesigen bäuerlichen Besitzverhältnisse sich in den übrigen Theilen des deutschen Vaterlandes verbreitet und bis in die neueste Zeit, selbst in wissenschaftlichen Werken erhalten haben.

Der sonst so gewissenhafte, allbekannte Statistiker G. Fr. Kolb, hat in seinem „Handbuch der vergleichenden Statistik" unser Mecklenburg stets etwas stiefmütterlich behandelt, und nimmt auch von den großartigen Reformen der Neuzeit keine Notiz. „Hier wird das mittelalterliche Feudalwesen forterhalten und der größte Theil des Landes steht unter der Herrschaft des noch quasi-souveränen Ritterthums", „Die Lage des Landvolkes ist die elendeste" ꝛc., so urtheilt er noch in der neuesten 1883 erschienenen Auflage.

Wenn man dann liest: „Die Güter der Ritter und die von sechs Bauern-schaften umfassen 103 □Meilen, jene der Domänen und Klöster 107³/₄, dieses ganze Areal ist dem Eigenthumserwerbe der Bauern entzogen", und wenn man dazu rechnet, daß die an dem Gesammtareal des Großherzogthums noch fehlenden 26½ □Meilen nach Kolb's eigenen Angaben „Stadtgebiete und Kämmereigüter" sind, so bleibt eigentlich für einen Bauernstand innerhalb unseres Großherzogthums absolut kein Plätzchen übrig, und wem keine anderen Quellen, als dies mit Recht weit verbreitete Handbuch, zur Orientirung zu Gebote stehen, der wird und muß glauben, daß hier glänzende Rittersitze, große Domänenhöfe, Kloster- und Kämmereigüter sich fast ausschließlich in die fruchtbaren Gefilde unseres Ländchens theilen.

Auch die neuste Publication des socialpolitischen Vereins, die nach jeder Rich-tung hin vorzügliche Arbeit von Miaskowski's[1]), wird nicht im Stande sein, die Vorurtheile und falschen Anschauungen zu beseitigen, sondern könnte sie bei oberflächlichen Lesern nur bestärken. v. Miaskowski citirt die Schilderung „des unermüdlichen Vorkämpfers für bäuerlichen Besitz und bäuerliche Freiheit" E. M. Arndt, wonach „in Mecklenburg nur noch hin und wieder Domänen-dörfer und einzelnen Stiftungen und Städten gehörige Dörfer übrig sind, wo man fast Nichts als große Güter und Schlösser, und nebenbei Häuschen von hin- und herziehenden Einliegern, sog. Katenleuten. sieht" ꝛc. Zwar bemerkt er sofort, daß „dieses Bild heutzutage nur für das ritterschaftliche Gebiet zutreffend

---

[1]) A. v. Miaskowski, „Das Erbrecht und die Grundeigenthumsvertheilung im deutschen Reiche." Leipzig 1882 (S. 10 u. 285).

und auch da, was die Wanderungen der Tagelöhner betrifft, übertrieben" sei; aber die in der Anlage S. 285 mitgetheilten, meist älteren Quellen entlehnten, Zahlen werden auch nur dem, der mit den hiesigen Verhältnissen annähernd vertraut ist, ein einigermaßen zutreffendes Bild von der wirklichen Grundeigenthumsvertheilung zu bieten vermögen.

Ob der Schluß, zu dem er nach den ihm vorliegenden Material nur kommen konnte: „Jedenfalls ist Mecklenburg=Schwerin heutzutage das Land vorzugsweise der großen Güter", zutreffend ist, wollen wir im Folgenden darzulegen versuchen.

Daß wir nicht im Stande sind, auf eigene Hand die fehlende Agrarstatistik für Mecklenburg zu schaffen, ist selbstverständlich, und das Bild, das wir zu entrollen vermögen, wird daher auch nicht annähernd allen Ansprüchen an eine wissenschaftliche Statistik der Besitz= und Eigenthumsverhältnisse am Grund und Boden entsprechen können; aber als erster Versuch, die Besitzverhältnisse für das ganze Land darzustellen, wird es doch nicht ganz werthlos sein.

Zur allgemeinen Orientirung schicken wir zunächst einige Zahlen über die Bodenbenutzung nach den Angaben der deutschen Reichsstatistik voraus. Die Gesammtfläche des Landes betrug nach den Ergebnissen der landwirthschaftlichen Aufnahmen von 1878 1 330 375 Hectare.

Davon waren

Ackerland	750 243 ha	=	56 40 %	der Gesammtfläche.
Gartenland	9 060 „	=	0 68 „	„	„
Wiesen	103 798 „	=	7 80 „	„	„
Weiden und Hutungen	68 417 „	=	5 14 „	„	„
Landwirthschaftlich benutzte Fläche	931 520 „	=	70 02 „	„	„
Forsten und Holzungen	223 734$_9$ „	=	16 82 „	„	„
Haus=Hofplätze, Unland Wege und Gewässer	175 122$_1$ „	=	13 16 „	„	„

Dieses ganze, wie man sieht, hauptsächlich dem Ackerbau gewidmete Areal zerfällt nun in 4 große Gruppen, die wir für unsere weiteren Betrachtungen grundsätzlich machen und getrennt behandeln müssen:

1) Die landesherrlichen Domänen (incl. 8,47 □Meilen an sog. inkamerirten[1]) Gütern[2])) 99,78 □ Meilen.

2) Die ritterschaftlichen Güter (ohne die inkamerirten und im städtischen Besitz befindlichen) 103,43 □ Meilen.

---

[1] Inkamerirte Domänen nennt man diejenigen früher ritterschaftlichen Besitzungen, die obwohl im Eigenthum der Landesherrschaft, weil erst nach 1748 erworben, zur ritterschaftlichen Quote mitsteuern.
[2] Die Zahlen sind dem Handbuch von Kolb entnommen, sie stimmen nicht mit den im neusten Staatskalender von 1883, II. S. 3 angegebenen. Da aber die dort mitgetheilten Zahlen auf die Berechnung von 1865 zurückverwiesen werden, und das Domanium daselbst zu 99,78 □M. berechnet ist (vgl. Beiträge zur Statistik Mecklenburgs, Bd. IV, I. S. 12), während der Staatskalender 104,72 □M. angiebt, so haben wir die Kolb'schen Zahlen aufgenommen, obwohl auch sie für die ritterschaftlichen und städtischen Güter falsch sein müssen, denn ihre Summirung ergiebt nicht das von Kolb nach der trigonometrischen Landesvermessung richtig angegebene Areal von 241,6 □M., sondern nur 237,6 □M.

3) Die Güter der 3 Landesklöster 7,94 ☐Meilen.

4) Die Städte (mit einzelnen ritterschaftlichen Gütern) 26,45 ☐Meilen.

Wenn nun die Domänen, nach den obigen Zahlen, mehr als 40 % des gesammten Areals des Großherzogthums ausmachen, so darf man daraus nicht ohne Weiteres den Schluß ziehen, daß diese 40 % aus Staatsforsten oder großen Domänengütern bestehen, wie das in den übrigen Theilen Deutschlands meistens wohl zutreffend sein würde. Vielmehr ist gerade das Domanium, und in letzter Zeit immer mehr und mehr, der Sitz des eigentlichen Bauernstandes in Mecklenburg geworden. Hier finden wir die meisten und besten Bauernhöfe, und zwar in großer Anzahl dicht gedrängt bei einander, so daß nicht blos „hin und wieder" sich mal ein Bauerndorf findet, sondern nicht gerade selten das Auge des Beschauers, wenn es von den Hügelketten über die fruchtbaren, mit schönen Waldungen umrankten, von prächtigen Wiesen und Seen durchzogenen, von zahlreichen Heerden belebten Gefilde schweift, wohl zwanzig und mehr Dörfer gleichzeitig zu erblicken vermag.

Auch die Statistik zeigt, daß hier der größte Theil des Ackerlandes sich in den Händen des Kleinbesitzers befindet.

Wir haben — leider nur für das Domanium — für das Jahr 1863 in den „Beiträgen zur Statistik Mecklenburgs", Band IV, Heft I und II, eine ganz vorzügliche Zusammenstellung aller auf die Domänen bezüglichen Verhältnisse und namentlich eine detaillirte Statistik der Vertheilung des Grund und Bodens auf die verschiedenen Besitzarten. In den in der Anlage abgedruckten Tabellen I, II und III haben wir in extenso für die einzelnen Aemter die bezüglichen Zahlen zusammengestellt.

Demnach war im Jahre 1863 die Zahl der

Zeit- und Erbpachthöfe [1]) 328 bewirthschaftet von 325 Besitzern,
bäuerlichen Erbpachtstellen 1302 „ „ 1281 „
bäuerlichen Zeitpachtstellen 4127 „ „ 4125 „
Büdnereien 7288 „ „ 7221 „
Häuslereien 2653 „ „ 2646 „

Die Summe der Besitzesstellen repräsentirt, wie man sieht, annähernd auch die Zahl der Besitzer, da, wie weiter unten dargelegt, jede Nahrungsstelle gesetzlich als ein selbständiges Ganze behandelt wird und nicht mit anderen ohne Weiteres vereinigt werden darf, vielmehr jede Hufe, selbst wenn sie mit anderem Grundbesitz zusammen besessen wird, doch stets mit den zur selbständigen Bewirthschaftung nöthigen Gebäuden versehen sein muß. Es ist daher nur ausnahmsweise eine Erbpachtstelle in Händen eines Hofpächters, oder eine Büdnerstelle als Altentheilswohnung im Besitz eines Erbpächters ꝛc. Mit den oben genannten Kategorien ist aber die Zahl der Grundbesitzer nicht erschöpft, vielmehr ist Grund und Boden in ziemlicher Ausdehnung in den Händen

---

[1]) Die vererbpachteten Gehöfte nennt man seit der Verordnung vom 25. Januar 1860 Erbpachthöfe, wenn sie mehr als 350 bonitirte Scheffel enthalten. Bäuerliche Erbpachtstellen sind die von 37½—350 Scheffeln Flächeninhalt. Die noch kleineren Stellen sind Büdnereien, während Häuslereien nur Haus, Hof- und Gartenplatz haben. Auf die rechtlichen Verhältnisse der einzelnen Besitzer zum Grund und Boden kommen wir unter II. genauer zurück.

von Krügern, Schmieden, Müllern, Zieglern, Frohnereibesitzern oder als Dienst=
länderei den Pfarrern und Schullehrern, Forst= und Verwaltungsbeamten zur
Bewirthschaftung zugewiesen worden. Soweit die Schmiede, Krüger, Müller ꝛc.
als Erbschmiede, Erbkrüger, Erbmüller ꝛc. im Erbpachtbesitz ihres Areals sich
befinden, sind sie jedoch bereits in den obigen Zahlen über Erbpächter und Bübner
mit inbegriffen.

Die Vertheilung des Grund und Bodens unter die einzelnen Classen von
Besitzern und Nutzungsarten ergiebt sich aus den Tabellen II und III im
Anhange.

Danach entfallen von dem Gesammt = Areal des Domaniums von
253 440 192 ☐Ruthen

		Das ist % der Gesammtfläche	% der landwirthsch. benutzten Fläche
1) auf die geistlichen Ländereien .	3 326 582 ☐R. =	1,3 %	1,72 %
2) auf die Schulländereien . .	1 047 048 „ =	0,6 „	0,73 „
3) auf die Ländereien für Amts= und Forstofficianten, theils dienstlich, theils in Zeitpacht	3 357 741 „ =	1,3 „	1,79 „
4) auf die Erbpachthöfe . . .	8 203 084 „ =	3,2 „	4,24 „
5) auf die Zeitpachthöfe . . .	46 375 526 „ =	18,3 „	24,01 „
6) auf die bäuerlichen Erbpachtstellen	22 582 061 „ =	8,9 „	11,86 „
7) auf die bäuerlichen Hauswirth= stellen	79 358 009 „ =	31,3 „	41,4 „
8) auf die Erbpachtländer der Bübner	11 574¦383 „ =	31,3 „	5,99 „
9) auf die Zeitpachtländer d. Bübner	2 461,850 „ =	1,0 „	1,27 „
10) auf die Erbpachtländer der Häusler	117 083 „ =	0,05 „	0,06 „
11) auf d. Zeitpachtländer d. Häusler	7 563 864 „ =	3,00 „	3,91 „
12) auf die Erbpachtländer der Müller, Krüger, Ziegler, Schmiede ꝛc.	2 463 213 „ =	1,00 „	1,27 „
13) auf die Zeitpachtländer derselben	610 094 „ =	0,2 „	0,31 „
14) auf das zum Verpachten auf kurze Zeit reservirte Land . .	3 726 644 „ =	1,5 „	1,93 „
15) auf die Forstländereien . .	44 977 951 „ =	17,7 „	— „
16) auf die Gewässer u. Unbrauch= bares	15 335 054 „ =	5,0 „	— „
Summa	253 440 192 ☐R. =	100 %	100 %

Es sind also von der gesammten landwirthschaftlichen Cultur=
fläche in den Händen des Großbetriebes

nur 28,25 %,
während 6 5,60 %

von Bauern, Bübnern, Häuslern, Müllern, Schmieden ꝛc. be=
wirthschaftet werden und endlich noch

6,17 %

als Dotationen für Pfarrer, Schullehrer, Forst- und Verwaltungsbeamte zu kleinen Wirthschaftscomplexen vereinigt sind, oder als Parcellen verpachtet wer= den, so daß thatsächlich beinahe drei Viertel des ganzen landwirth= schaftlichen Culturlandes nicht im Groß= sondern im Klein= betriebe bewirthschaftet werden.

Daß dabei der Klein=Grundbesitz angemessen mit Land zur Führung einer bäuerlichen resp. kleinbäuerlichen Existenz dotirt ist, ergiebt sich daraus, daß die bäuerlichen Erbpächter durschnittlich 17 734 □Ruthen oder ca. 148 Magde= burger Morgen ihr Eigen nennen, während die Hauswirthe durchschnittlich 19 243 □Ruthen = 160 Morgen; die Büdner 1 908 □Ruthen = 16 Morgen bewirthschaften.

Leider hat das statistische Büreau die Nachweise, die es für das Jahr 1863 gegeben, nicht weiter fortgeführt, vielleicht deswegen, weil unsere bäuer= lichen Verhältnisse im Domanium in den letzten 20 Jahren eine völlige Um= wandlung erfahren haben, und diese Umgestaltung noch jetzt nicht ganz zum Ab= schluß gelangt ist.

Es fehlt uns also all und jedes Material, um zu erforschen, wie sich die Vertheilung des Grund und Bodens seit jener Zeit verändert hat. Sehr wohl aber können wir nach dem schon seit mehr als 100 Jahren alljährlich, unter amtlicher Controle erscheinenden „Mecklenburg=Schwerinschen Staatskalender" (dessen zweiter Theil unter dem Titel „Statistisch = topographisches Jahrbuch des Großherzogthums Mecklenburg=Schwerin" eine Menge wissenswerthen Mate= rials bietet) eine Uebersicht gewinnen über die Zahl der gegenwärtigen und früheren Besitzer im Domanium.

Wir haben diese Nachforschungen möglichst weit nach rückwärts ausgedehnt, um damit einen Ueberblick zu geben, wie sich die Zahl der kleinen Grundbesitzer in diesem Theile des Großherzogthums allmählich entwickelt und vermehrt hat; und wir geben die gefundenen Zahlen im Folgenden wieder, um durch das darin gezeichnete erfreuliche Bild der stetigen Zunahme und Consolidirung des bäuer= lichen und kleineren Besitzes die weniger erfreuliche Erscheinung der Abnahme und des Stagnirens des Bauernstandes, wie es in dem ritterschaftlichen Gebiete hervortritt, etwas zu paralysiren.

Im Staatskalender findet sich, wenn wir nicht irren seit dem Jahre 1833, am Schluß der auf das Domanium bezüglichen Daten eine kleine Tabelle, welche übersichtlich |für das betreffende Jahr „die hauptsächlichsten Bestandtheile des Domaniums" darstellt. Für die frühere Zeit fanden wir nur in den Jahr= gängen aus den ersten Jahrzehnten übersichtliche Zusammenstellungen über die Zahl der „besetzten Domanialhufen", also aus einer Zeit, wo von Vererbpach= tung noch nicht die Rede war, Häuslereien noch nicht bestanden und neben den Büdnereien nur die sog. Hauswirthe den Kleingrundbesitz repräsentirten.

Die letzteren vertheilen sich folgendermaßen:

				1799	1805	1806
1. Vollhüfner. . . .	zu 96	Scheffeln	1451	1556	1522
2. Dreiviertelhüfner .	„ 72	„	1070	1065	1030
3. Fünfachtelhüfner .	„ 60	„	5	10	7
4. Halbhüfner . . .	„ 48	„	1823	1930	1800
5. Dreiachtelhüfner .	„ 36	„	37	36	38
6. Drittelhüfner . .	„ 32	„	26	23	20
7. Viertelhüfner . .	„ 24	„	519	546	502
8. Sechstelhüfner . .	„ 16	„	11	11	11
9. Achtelhüfner. . .	„ 12	„	274	271	295
10. Zehntelhüfner . .	„ —	„	8	—	—
11. Sechszehntelhüfner	„ 6	„	2	3	3
Summa der Hauswirthe			5226	5351	5225

Die Zahlen sind nicht ohne Weiteres vergleichbar, weil die beiden ersten die Bauerstellen des ganzen Domaniums, inclusive der inkamerirten Domänen, enthalten, während für das Jahr 1806 die letzteren nicht mit auf die einzelnen Unterabtheilungen repartirt sind, sondern nur ihre Gesammtsumme mit 164 angegeben ist, so daß danach 5389 Bauerstellen bereits 1806 [1]) vorhanden waren, also eine sehr erhebliche Zunahme des Kleinbesitzes im Beginne des Jahrhunderts constatirt werden kann.

In späterer Zeit muß der Begriff der Vollhufe wohl ein anderer geworden sein, denn nach den Beiträgen zur Statistik Meckl. IV. 1, S. 33 befanden sich 1863 unter den 4122 Zeitpachtbauern:

    9 Vollbauern mit durchschnittlich . . . 50 710 ☐ Ruthen.
    3 Siebenachtelhüfner mit durchschnittlich . 31 634 „
  54 Dreiviertelhüfner mit durchschnittlich . 31 112 „
 141 Zweidrittelhüfner mit durchschnittlich . 28 266 „
 755 Halbhüfner mit durchschnittlich . . . 24 240 „
1555 Drittelhüfner mit durchschnittlich . . 20 259 „
 979 Viertelhüfner mit durchschnittlich . . 16 433 „
 626 Achtelhüfner mit durchschnittlich . . 10 696 „

Von 1806 bis 1833 fehlen uns die genaueren Zusammenstellungen; um die Lücke zu ergänzen, müßte man aus den für die einzelnen Aemter gemachten Angaben die Summe extrahiren, was die Mühe nicht lohnen würde.

Seit 1833 giebt die folgende Tabelle für das Domanium einen Ueberblick über die allmähliche Vermehrung der Erbpachtstellen, Büdnereien und Häuslereien und die entsprechende Verminderung der großen Zeitpachthöfe und der Hauswirthstellen.

---

[1]) Zu bemerken ist noch, daß die für 1799 und 1805 angeführten Zahlen dem Kalender für diese Jahre entnommen sind, also wahrscheinlich für 1798 und 1804 gelten, während die Ziffern für 1806 unverändert eine Reihe von Jahren wiederkehren und noch in dem Kalender von 1815 ebenso abgedruckt sind.

	Pachthöfe	Erb-pachthöfe	bäuerliche Erb-pachtstellen	bäuerliche Hauswirth-stellen	Bübner-stellen	Häusler-stellen
1833	290	—	437	4 966 + 54 Kossaten	5 342	—
1835	286	—	481	4 909 + 50 Kossaten	5 605	—
1840	287	—	593	4 820	6 046	—
1845	277	—	743	4 701	6 451	—
1850	258	—	886	4 539	6 681	913
1855	255	—	1 159	4 273	7 042	2 007
1860	254	—	1 283	4 165	7 209	2 224
1865	244[1])	75[1])	1 387	4 122	7 312	2 721
1866	243	—	1 417	4 104	7 332	2 892
1867	242	—	1 423	4 095	7 361	2 994
1868	243	—	1 444	4 078	7 386	3 259
1869	241	—	1 479	4 053	7 401	3 545
1870	242	—	1 734	3 803	7 416	3 707
1871	241	—	2 382	3 160	7 427	3 880
1872	241	—	3 095	2 452	7 443	4 053
1873	240	—	3 633	1 927	7 453	4 279
1874	239	—	4 277	1 289	7 462	4 518
1875	235	—	4 838	730	7 464	4 778
1876	232	78	4 923	515	7 447	4 926
1877	232	84	5 053	388	7 410	5 128
1878	233	84	5 098	345	7 471	5 364
1879	234	84	5 141	304	7 475	5 573
1880	233	85	5 184	262	7 478	5 760
1882	233	85	5 230	220	7 501	6 256
1883	233	85	5 253	198	7 511	6 392

Die Zahlen bedürfen einer weiteren Erklärung kaum, man sieht, daß sich die eigentlichen Bauernstellen in ihrer Zahl erhalten haben, aber aus dem unsicheren Besitzstande der Zeitpächter zu festen Besitzes-rechten gelangt sind. Daneben zeigt die großartige Zunahme der Bübnereien und die Schaffung von über 6000 Häuslereien, daß die Regierung stetig da-rauf bedacht gewesen ist, nicht nur einen tüchtigen, lebensfähigen Bauernstand zu schaffen und zu erhalten, sondern auch die Gelegenheit zum Erwerbe kleineren Grundbesitzes zu bieten. Leider wissen wir nicht, wie viel von den Domanialländereien auf diese kleineren Besitzer entfallen; das aber dürfte zweifellos sein, daß in der Zeit seit 1863 das Verhältniß zwischen Klein- und Großbetrieb sich nicht zu Ungunsten des Ersteren verändert hat. Denn die Zahl der großen Pachthöfe hat sich um 11 vermindert, die neu hinzugekommenen Erb-pachthöfe werden meist den größeren bäuerlichen Erbpachtstellen angehören und sind nur durch die äußerliche Scheidung zu den Großbetrieben gerechnet, endlich

[1]) Der Staatskalender führt erst seit 1876 die Erbpachthöfe mit an. Die für 1865 gegebenen Zahlen für die Zeit- und Erbpachthöfe sind der oben benützten Statistik entlehnt.

ist auch Hofland der großen Pachthöfe in nicht unbeträchtlicher Menge zur Schaffung kleinerer Besitzesstellen verwendet worden.

Es ist daher wohl eher zu niedrig als zu hoch gegriffen, wenn wir, — unter Einrechnung der den Kleinwirthschaften angehörenden Dienstländereien und der in kleinen Parcellen verpachteten jetzigen Gemeindeländereien, sowie der sog. Eigenthumsparcellen, — annehmen, daß zur Zeit von der gesammten landwirthschaftlichen Culturfläche des Domaniums Dreiviertel dem Kleinbetriebe angehören.

Weniger günstig liegen leider die Verhältnisse für den Kleinbesitz im Gebiete der Ritterschaft.

Hier stellen sich auch einer statistischen Bearbeitung für einen Privatforscher fast unüberwindliche Schwierigkeiten entgegen. Denn unseres Wissens ist eine Statistik der Besitzverhältnisse am Grund und Boden für diesen Theil des Landes nie publicirt worden. Es liegt wohl in der eigenthümlichen Gestaltung unserer ständischen Verfassung, daß sich die Verwaltungsbehörden des Staates um die specielleren Verhältnisse dieses Landestheiles wenig zu kümmern vermögen. Die Besitzungen der Ritterschaft bilden mit den ihr verbundenen Klostergütern ebenso wie einzelne Stadtgebiete einen Staat im Staate, über den die regierende Gewalt nur ein beschränktes Aufsichtsrecht auszuüben hat, und so kommt es, daß hochgestellte Regierungs=Beamte, die bis in die kleinsten Details über die Domanialverwaltung genau und gründlich informirt sind, unter Achselzucken eingestehen: ja, über die Verhältnisse in der Ritterschaft wird schwerlich Auskunft zu erhalten sein.

Das dem Ministerium des Inneren unterstellte statistische Büreau hat, vielleicht weil Competenzconflikte mancherlei Art drohten, sich nicht an die Ritterschaft herangewagt, und die Vertreter der Ritterschaft selbst haben es nicht der Mühe für werth erachtet, durch offene Darlegung der bestehenden Verhältnisse die, wie wir überzeugt sind, vielfach übertriebenen, ungünstigen Vorstellungen von der Lage des Bauernstandes zu zerstreuen.

So sind die Staatskalender und die gedruckten Cataster die einzigen Quellen, aus denen man schöpfen kann; und diese Quellen fließen recht spärlich. Denn überall ist nur das Gesammtareal der einzelnen Güter in bonitirten Scheffeln, oder, „soweit sie vermessen sind", in Hectaren angegeben. Die eine Zahl umfaßt dann aber alles, was „der Grundherrschaft" gehört, also auch die den Bauern und Büdnern in Erbpacht oder sonst überwiesenen Ländereien. Die Größe der letzteren ist leider nirgend verzeichnet und ohne Nachforschungen bei den einzelnen Besitzern wohl kaum zu ermitteln.

Nur die Zahl der mit „Hauswirthen besetzten Bauerngehöfte, der Erbpachtgehöfte und der Büdnergehöfte einzelner Güter" ist im Staatskalender durch römische Ziffern hinter dem Gutsnamen bezeichnet, früher mit dem Zusatz „soweit deren Niederlegung bisher nicht bekannt geworden". Das Burchard'sche ritterschaftliche Cataster [1]) führt nicht einmal die Zahl der Bauernstellen an.

---

[1]) Burchard, „Verzeichniß der sämmtlichen zum ritterschaftlichen Cataster steuernden Güter ꝛc." Rostock 1852. Das im Hinstorff'schen Verlage erschienene „General-cataster des ländlichen Grundbesitzes", Wismar 1869, hat wenigstens eine besondere Rubrik für die Zahl der Hauswirthe.

Wir haben nun versucht aus dem Staatskalender uns wenigstens für die Entwicklung der Zahl der Bauerstellen einen Ueberblick zu verschaffen, und die Resultate dieser Nachforschungen in der unten sowie im Anhange (Nr. IV) folgenden Tabelle zusammengestellt. Für die Zeit von 1794, wo die ersten Angaben zu finden sind, bis 1860 konnten wir eine anonym erschienene kleine Brochüre [1]) benutzen, die aus derselben Quelle für jedes einzelne Amt den „bäuerlichen Bestand und die successiven Veränderungen desselben" angiebt. Daß die Angaben des Staatskalenders nicht immer zuverlässig sind, ist dort bereits betont, und wir haben dasselbe mehrfach erfahren, müssen uns aber, wie der Autor jener Schrift damit trösten, daß die Schilderung „im Ganzen zutreffend sein wird", und ergeben uns darein, mit dem Staatskalender zu irren, wo dieser irrt.

Die hier folgende Tabelle zeigt zunächst die allgemeine Entwicklung, indem sie die Gesammtzahl der bäuerlichen Wirthschaften in den ritterschaftlichen Aemtern [2]) und bei den im Privatbesitz befindlichen Rittergütern des Rostocker Districts wiedergiebt.

	In den ritterschaftlichen Aemtern des Herzogthums		Im Rostocker District	Gesammtzahl d. ritterschaftlichen Bauern	Abnahme (—) gegen 1794
	Schwerin	Güstrow			
1794	1 196	757	15	1 968	
1796	1 185	748	15	1 948	— 20
1800	1 086	676	3	1 768	— 200
1805	1 043	654	3	1 700	— 268
1810	1 017	647	3	1 667	— 301
1815	993	614	3	1 610	— 358
1820	980	576	1	1 557	— 411
1825	911	564	1	1 476	— 492
1830	895	541	1	1 437	— 531
1835	883	532	1	1 416	— 552
1840	863	547	2	1 412	— 556
1845	862	541	2	1 405	— 563
1850	848	542	2	1 392	— 576
1855	846	535	2	1 383	— 585
1860	854	532	2	1 388	— 580
1865	859	554	2	1 415	— 553
1870	860	563	2	1 425	— 543
1875	844	579	2	1 425	— 543
1880	853	569	2	1 424	— 544
1883	853	569	2	1 424	— 544

Von nahezu 2000 Bauerstellen, wie sie noch Ende des vorigen Jahrhunderts vorhanden waren, sind nur 1424 übrig geblieben, mehr als ein Viertel des damaligen Bestandes ist der Willkür der Rittergutsbesitzer zum Opfer gefallen, die von der, ihnen gesetzlich zustehenden Befugniß, die Bauernstellen zu legen und zum Hoffeld einzuziehen, reichlich Gebrauch gemacht haben.

---

[1]) „Veränderungen in dem Bestande der bäuerlichen Wirthschaften in den ritter-schaftlichen Aemtern rc." Schwerin 1860.

[2]) Ausgeschlossen sind die Bauerstellen der inkamerirten Güter, weil diese bereits bei den Domänen mitgezählt sind.

Glücklicherweise fällt diese Verminderung des Bauernstandes hauptsächlich in die ersten Jahre des hier betrachteten Zeitraums, während in den letzten Jahrzehnten die Gesammtsumme keine Verminderung, sondern eine, wenn auch mehrfach unterbrochene, langsame Zunahme zeigt. Die in der Tabelle IV (Anlage) mitgetheilten Zahlen für die einzelnen Aemter zeigen aber, daß auch in der neuesten Zeit in manchen Gegenden noch immer eine Abnahme der Bauernstellen zu verzeichnen ist, während in anderen seit Anfang der Sechziger Jahre, vielleicht unter dem Druck der Verordnung vom 13. Januar 1862 und durch die Regierung gezwungen neue Bauerstellen geschaffen resp. wieder eingerichtet wurden. Die auffallende Vermehrung im Amte Boizenburg von 37 auf 76 resp. 69 — welche auch fast ausschließlich die Steigerung in der Gesammtzahl für das Herzogthum Güstrow von 532 auf 569 bewirkt hat, — erklärt sich daraus, daß auf dem Gute „Blücher" 25 neue Bauerstellen errichtet und zugleich 14 neue Bauerhöfe in Groß-Tinekenberg gebildet wurden, welche letzteren neuerdings auf 7 vermindert sind.

Vergleicht man die neusten Zahlen gar mit den der Tabelle IV vorangestellten Ziffern für 1755 [1]) so ist das Bild, das uns für diesen größten Theil des Landes entgegentritt, erst recht wenig erfreulich, und der so oft wiederholte Vorwurf gewiß nicht ganz unbegründet, daß der Großgrundbesitz — dessen Vertreter in Deutschland heute so gerne und so laut die Gemeinsamkeit ihrer Interessen mit denen des Bauern verkünden, — in Mecklenburg bisher recht wenig die Interessen dieses ländlichen Mittelstandes vertreten hat.

Wie viel von dem Areal des ritterschaftlichen Landestheiles auf den bäuerlichen Besitz entfällt, läßt sich durch sichere Zahlen zur Zeit nicht angeben. Wollten wir eine Schätzung vornehmen, so würde man wohl nicht zu niedrig rechnen, wenn man auf jeden der 1424 Bauern eine Fläche von 10 000 □Ruthen [2]) anrechnen wollte. Alsdann würden etwa 14¼ Millionen □Ruthen dem bäuerlichen Besitz zufallen. Da das ritterschaftliche Gebiet nach Abzug von 21 Millionen □Ruthen, die als inkamerirt zu den Domänen zählen, etwa 265 Millionen □Ruthen groß ist, so würden davon die Bauerstellen noch nicht 6 Procent ausmachen und selbst wenn man für die Hoffelder, entsprechend der Vertheilung auf das ganze Land, für Forsten, Gewässer und unbrauchbares Land 30 Procent in Abzug bringt und dabei die Bauerhöfe als rein landwirthschaftlich nutzbare Flächen ansieht, so würde das Bauerfeld

---

[1]) Die Zahlen sind nach dem „Verzeichniß der Mecklenburg-Schwerin- und Strelitz'schen Städte- und Landgüter" ꝛc., von Chr. Fr. Jargow (Neubrandenburg 1797) berechnet, nach dem unter der Rubrik „Alter Hufenstand" angeführten Bestand an Bauern und Kossaten. Ob die Zahlen wirklich die damals noch vorhandenen Bauerstellen oder nur die Zahl der bei den Gütern befindlichen Bauerhufen angeben, konnten wir nicht ermitteln. Der Verf. der oben genannten Broschüre geht offenbar von der Ansicht aus, daß die Zahl der Bauerstellen gemeint sei. Wir legen aber trotzdem den Angaben nicht viel Werth bei, denn zuverlässig sind sie gewiß nicht. Daß aber gerade in der zweiten Hälfte des vorigen Jahrhunderts die Legung der Bauern ganz kolossale Dimensionen angenommen hat, ist durch zahlreiche Belege zur Genüge constatirt.

[2]) Raabe, „Mecklenburgische Vaterlandskunde", Wismar 1863, II. S. 131, behauptet sogar: „Die ritterschaftlichen Bauern haben in der Regel nur ein kleines, meist wohl nicht über 5000 □Ruthen großes Ackerwerk" und nur „hie und da" gibt es Bauern mit weit größerem Areal.

unter diesen Voraussetzungen nur etwa 8 Procent der land=
wirthschaftlichen Kulturfläche ausmachen. Für diesen Theil
des Landes ist ein gewaltiges Ueberwiegen des Großgrund=
besitzes also unzweifelhaft.

In den Gütern der drei Landesklöster sind die Bauern früher
in den sicheren Hafen fester Besitzesrechte eingelaufen und haben sich von jeher
einer geschützteren Existenz zu erfreuen gehabt.

In den Besitzungen des Klosters Dobbertin[1]) war die Entwickelung
folgende:

	Erb-pächter	Viertelhüfner	Halb-hüfner	Drei-viertel hüfner	Achtel-hüfner	Summa der Bauern	Büdner	Häusler
1794	—	—	—	—	—	165	—	—
1800	—	—	—	—	—	165	—	—
1805	—	23	52	89	—	164	37	—
1810	—	23	52	89	—	164	19	—
1820	—	23	52	88	—	163	19	—
1830	—	22	52	90	—	164	15	—
1840	64	10 Drittel-hüfner	46	21	22	163	12	—
1845	114	7 „	21	13	10	165	26	—
1850	114	7 „	21	13	10	165	26	—
1855	114	7 „	20	14	10	165	2	29
1860	114	7 „	20	14	10	165	2	29
1865	114	7 „	20	14	10	165	18	22
1870	114	7 „	20	14	10	165	21	23
1875	114	7 „	20	14	10	165	22	35
1880	114	7 „	20	14	10	165	22	35
1883	114	7 „	20	14	10	165	52	34

In Malchow zählte man:

	Erbpächter	Dreiviertel=hüfner	Halbhüfner	Viertel=hülfner	Summa
1794	—	—	—	—	61
1800	—	45	7	7	59
1820	—	45	7	5	57
1835	48	—	7	—	55
1845	56	—	—	—	56
bis 1883	56	unverändert			—

Im Kloster Ribnitz hat sich die Zahl der Bauern
von 13 im Jahre 1794
auf 16 „ „ 1836 und
„ 17 „ „ 1843 vermehrt
und letztere sind noch heute als Erbpächter vorhanden.

---

[1]) Hof und Dorf Darze sind bei den ritterschaftlichen Besitzungen mit gezählt,
daher hier nicht mit berücksichtigt.

Die Zahl der Bauerhufen hat sich also in diesem Theile des Landes faſt unverändert erhalten, und in letzter Zeit hat sich auch hier durch Schaffung von Häuslereien eine grundbeſitzende Arbeiterklaſſe zu bilden begonnen. Nach dem oben erwähnten Generalcataſter läßt sich nun annähernd berechnen, wie viel Areal auf die großen Höfe, wie viel auf den Kleinbeſitz entfällt. Danach beträgt der Beſitz der Erbpächter und Hauswirthe zuſammen mit dem Areal der Erbmühlen, Krüger, Ziegeleien 2c. und den Forſthöfen

in Dobbertin ca. 3 530 000 ☐Ruthen Areal,
in Malchow ca. 1 400 000 „ „
in Ribnitz 264 000 „ „
Summa 5 214 000 ☐Ruthen Areal.

Dagegen sind als Areal der großen Pachthöfe verzeichnet:

in Dobbertin ca. 3 300 000 ☐Ruthen,
in Malchow 1 420 000 „
in Ribnitz 960 000 „
Summa 5 680 000 ☐Ruthen.

Hier würden also, wenn man den Zahlen trauen darf, die Bauerfelder den Hoffeldern ungefähr die Waage halten, doch dürfte auf landwirthſchaftliche Culturflächen reducirt, der Kleinbeſitz wohl das Uebergewicht haben, da in den großen Gütern mehr als in den kleinen Waldland und Gewäſſer enthalten ſind.

Endlich haben wir noch der Bauern und Kleinbeſitzer in dem Gebiete der Land= und Seeſtädte Erwähnung zu thun. Ueber die Entwickelung der Zahl derſelben giebt die folgende Zuſammenſtellung Auskunft:

	Kämmerei= und Oeconomie= güter	Roſtocker Kämmerei= und Hoſpital= güter	Wismar'ſche Landgüter		Summa Bauern und Bübner
			Hauswirthe	Bübner	
1794	145	137	—	—	—
1800	148	133	—	—	—
1810	153	132	39	11	335
1820	149	131	39	11	330
1830	152	133	39	11	335
1840	155	128	39	11	333
1850	154	136	39	11	340
1860	156	136	39	19	350
1865	156	136	39	19	350
1870	224	137	39	19	419
1875	233	135	39	23	430
1880	270	130	39	24	467
1883	270	130	39	28	463

Man ſieht, daß die Städte, vor Allem die Landſtädte den Werth des Bauernſtandes richtig erkannt haben, denn sie haben nicht nur den urſprünglich bäuerlichen Beſitz zu erhalten gewußt, ſondern zahlreiche neue Bauerſtellen ge= ſchaffen, ſodaß gegenwärtig etwa 130 bäuerliche Nahrungsſtellen mehr vorhanden sind, als im Beginne des Jahrhunderts. Ueber die Größe desselben und ihren Antheil an dem Gesammtareal liegen uns keine Zahlen vor, doch ist in diesen Landstrichen von einem Ueberwiegen des Großbetriebes wohl kaum die Rede[1]).

Außer diesen in den Kämmerei= und Kirchengütern der Städte angesessenen Kleingrundbesitzern wären zum Schluß noch die Ackerbürger der Stadtfeldmarken anzuführen, welch letztere, wie wir oben gesehen haben, eine bedeutende Fläche Landes repräsentiren. Nach dem Staatskalender liegen etwa 46 Millionen Quadratruthen zu Stadtrecht, die, soweit sie nicht als Bauplätze und zu sonstigen öffentlichen Anlagen verwandt sind, im Kleinbetriebe bewirthschaftet werden.

Es würde allzu gewagt sein, die bisher angeführten lückenhaften Zahlen zu einem einheitlichen Bilde zusammenzufassen und ein Urtheil darüber abzu= geben, wieviel der bäuerliche und Kleinbesitz von der landwirthschaftlichen Cultur= fläche des Großherzogthums inne hat.

Wir haben gesehen, daß nur in dem ritterschaftlichen Landes= theil der Großgrundbesitz fast Alleinherrscher ist, und in einzelnen Aemtern den Bauern fast ganz verdrängt hat, auf der anderen Seite nimmt der Kleinbesitz in dem nicht minder umfänglichen Domanium etwa Dreiviertel der landwirthschaftlich benutzten Fläche ein, und in den Klöstern, Kämmereigütern und Stadtfeldmarken steht der bäuer= liche und Kleinbetrieb gewiß nicht gegen den Großbetrieb zurück.

So ungünstig für den Bauernstand, wie man oft glaubt, ist also die Ver= theilung des Grundbesitzes gewiß nicht.

Einer Zahl von ca. 15100 Bauern und Büdnern stehen im Ganzen 607 private Rittergutsbesitzer, 233 Pächter großer Domanialpachthöfe und 85 Be= sitzer von Erbpachthöfen neben einer Anzahl von Kloster= und Kämmereipächtern gegenüber.

2. Die rechtliche Stellung der Bauern ꝛc., zum Grund und Boden.
Erbpächter, Hauswirthe, Büdner, Häusler, Eigenthumsparzellen.

Wir wiesen schon in der Einleitung darauf hin, daß wir einen eigentlichen freien Bauernstand in Mecklenburg so gut wie gar nicht haben, sondern ein bald mehr, bald weniger stark hervortretendes Obereigenthum der Grundherrschaft fast überall erkennbar ist. Daher die mannich= fachen Formen der Besitzesrechte, wie sie in den Erbpächtern, den Hauswirthen, Büdnern, Häuslern ꝛc. der Domänen, den Erbleihebesitzern, den regulirten Bauern und den Hauswirthen des ritterschaftlichen Landestheils zu Tage treten. Eine ausführliche Darlegung des geltenden Bauernrechtes würde jedoch für die Zwecke dieser Arbeit zu weit führen, wir beschränken uns daher darauf, die wichtigsten Momente hervorzuheben.

Im Domanium[2]), das, wie wir gesehen haben, die meisten bäuerlichen und Kleinbesitzer aufzuweisen hat, ist staatsrechtlich der alleinige Eigenthümer am

---

[1]) Der Staatskalender führt bei den Stadtgütern nur die einfache Zahl der Bauernstellen an. Die gewiß nicht unbedeutende Anzahl von neu gegründeten Häus= lereien ist leider nicht aufgeführt.

[2]) Für die folgenden Schilderungen der Domanialverhältnisse haben uns als hauptsächlichste Quelle gedient die Schriften des Herrn Revisionsraths Balck, „Doma=

Grund und Boden der regierende Landesherr. Wer also nicht einfach Zeitpächter ist, hat nur ein Nutzeigenthum erworben. Ausnahmen bilden in neuerer Zeit nur die zu ungetheiltem Eigenthum den Gemeinden überwiesenen Gemeinde=ländereien sowie die sogenannten Eigenthumsparzellen.

Die Bauern insbesondere wurden von der Domanialverwaltung von jeher nicht als Eigenthümer, sondern ursprünglich als leibeigene Frohnbauern und Zeitpächter ihrer Hufen betrachtet und wurden zum Mindesten im Laufe dieses Jahrhunderts, trotzdem in Folge der milden Praxis der Verwaltung die Hufen oft durch viele Generationen hindurch vom Vater auf den Sohn übergegangen waren, — als einfache Zeitpächter behandelt, ohne daß man ihnen ein dingliches Recht am Grund und Boden zugestand. Man hatte zwar früh=zeitig in richtiger Erkenntniß der Nachtheile derselben die Frohndienste der Bauern beseitigt, indem man bei Verpachtung der Domanialhöfe bereits seit 1773 keine Bauerndienste mehr mitverpachtete, sondern die Bauern auf Geld=pacht oder Dienstgeld stellte, und nur wenige sogenannte Extrafuhren zu Pfarr=, Schul= und Amtsbauten ꝛc. ihnen auferlegte. Als aber im Jahre 1820 die Leibeigenschaft beseitigt und die Bauern zu persönlich freien Unterthanen gemacht wurden, hat man sich im Domanium so wenig wie in der Ritterschaft dazu entschließen können, diesen, für die moderne Entwickelung hochwichtigen Stand auf sichere, wirthschaftliche Basis zu stellen und ihn zum Herrn seiner Hufe zu machen, sondern hat die Bauern in ihrer Stellung als Zeitpächter immer mehr zu befestigen gesucht und die ihnen verliehenen Contracte immer mehr zu eigent=lichen Pachtcontracten gestempelt. So war und ist denn der alte Bauer im Domanium „Hauswirth" auf seiner Hufe, hat dieselbe von der Grundherr=schaft zur Nutznießung auf eine bestimmte Reihe von Jahren und kann von der Stelle entfernt, oder auf eine andere gesetzt werden nach Willkür der Herrschaft.

Jetzt sind ja die Hauswirthe bis auf einen kleinen, schnell zusammen=schrumpfenden Rest bereits verschwunden und zu Erbpächtern gemacht, sodaß das alte Bauernrecht bald nur noch historischen Werth haben wird. Um aber den Nutzen der allgemeinen Vererbpachtung klarer zu legen, müssen wir doch kurz die Verhältnisse schildern, aus denen sich der gegenwärtige selbständige Bauernstand entwickelt hat.

Die Bauern erhielten zunächst als Zeitpächter ihre besonderen „Pacht=contracte" für eine bestimmte Reihe meist von 12—14 Jahren. Diese Con=tracte, die nicht jedem Einzelnen, sondern dorfschaftsweise den Hauswirthen des ganzen Dorfes gegeben wurden, sind ausdrücklich als „Pacht=Contract" bezeichnet und überlassen „den Hauswirthen die Hufen mit allen dazu gehörigen Ländereien und Nutzungen, sowie mit den Gehöftsgebäuden und Befriedigungen auf x nacheinander folgende Jahre dergestalt pachtweise, daß sie solches alles, während der Zeit . . . . in Grundlage dieses Contractes besitzen und be=

niale Verhältnisse in Mecklenburg=Schwerin", Wismar 1864; „Finanzverhältnisse in Mecklenburg=Schwerin", Wismar 1877. Außerdem verdanken wir der liebenswürdigen Hülfe des Herrn Balck eine Reihe von Kammercirkularen ꝛc., die er uns bereits vor der Herausgabe seines zur Zeit im Druck befindlichen „Mecklenburgischen Verwaltungs=rechts" zur Verfügung stellte. Dafür sowie für anderweitige Förderung und Unter=stützung unserer Arbeit sagen wir ihm hiermit gerne unseren aufrichtigsten Dank.

nutzen mögen, auch bei solchem Besitz und Genuß, sofern sie ihre con= tractlichen Obliegenheiten erfüllen, nach Möglichkeit geschützt werden sollen" (§ 1 des Contr.). „Für den vorgeschriebenen Genießbrauch" wird (§ 23 des Contractes) „eine anschlagsmäßige, jährliche Pacht" in Quartalsraten gezahlt, und verpfänden die Hauswirthe für die Erfüllung ihrer Contractsverbindlichkeiten ihr gesammtes Vermögen der großherzoglichen Kammer. Diese reservirt sich (§ 26) ausdrücklich „außer der freiesten Disposition über die erledigten Gehöfte, das Recht der Abmeierung und Bestellung eines anderen Wirthes auf den Fall, daß der eine oder andere von ihnen mit oder ohne Verschulden in Verfall geriethe, und es an der Er= füllung des Contractes in dem einen oder anderen Punkte ermangeln ließe."

Das hier statuirte bäuerliche Pachtverhältniß geht aber über die Satzungen der gewöhnlichen Pacht insofern hinaus, als der Pächter die Verpflichtung über= nimmt, den Werth des ihm anvertrauten Pachtobjectes zu melioriren, bei Bauten ein gut Theil der Baulast selbst — resp. mit den übrigen Hüfnern des Dorfes gemeinsam — zu tragen, das Inventar, das als Eigenthum der Grundherr= schaft betrachtet wird, zu verbessern, und eventuell bei Abzug von der Hufe die besten Stücke seines Viehes und seiner Ackergeräthe als Hofwehr zurückzulassen. Diese scheinbare Härte ist nur erklärlich, wenn man bedenkt, daß all diese Meliorationen thatsächlich dem Bauern und seiner Familie zu gute kommen, da herkömmlich die Besitzer auf ihrer väterlichen Hufe conservirt wurden und nur in seltenen Fällen[1]) von dem Recht der Abmeierung Ge= brauch gemacht oder bei neuen Verpachtungen die alten Besitzer nicht berück= sichtigt wurden. Es hatte sich denn auch, trotz des Zeitpachtverhältnisses, ein von der Praxis der Verwaltung stillschweigend anerkanntes Recht auf Conser= virung des Besitzers sowie seiner Anerben bei der Hufe herausgebildet, und alle die dem Bauernrecht entstammenden Rechtsverhältnisse des Altentheils für den zurück= tretenden Hauswirth, sowie für die überlebende Ehefrau, der Abfindungen der Geschwister, der Interimswirthschaft finden sich auch bei den Domanialbauern vor.

Das der Grundherrschaft zustehende Recht, den Hauswirth, der nicht praestanda prästirte, abzumeiern, hatte seine praktische Bedeutung weniger darin, daß dem Bauern die noch übrigen Jahre seiner Pachtperiode genommen wurden, als vielmehr darin, daß ihm das Anrecht auf Conservirung bei der Hufe ver= loren ging.

Dieses Anrecht der Bauern auf Erhaltung bei der Hufe trat, wenn auch nicht ausdrücklich anerkannt, auch bei allen neuen „Regulirungen" der Dorfcontracte und der Dorffeldmarken thatsächlich hervor. Die Hufen wurden nicht öffentlich verpachtet, und keine anderen Concurrenten zur Ver= pachtung zugelassen, vielmehr waren die bisherigen Hauswirthe die alleinigen Interessenten, mit denen die Kammer vor der Regulirung in Verbindung trat, deren Wünsche und Interessen als der künftigen Pächter gehört und ermittelt wurden.

Aber solchen Regulirungen ihrer Feldmarken mußten sich die Bauern ohne Weiteres unterwerfen. Die Regierung nahm für sich das Recht in Anspruch,

---

[1]) Selbst notorische Trunkenbolde sollen trotz schlechter Wirthschaft fortwährend geduldet sein.

vor Ablauf der Pachtperiode die Hufen nach ihrem Gutdünken zu ver=
ändern, und hat davon in ausgiebiger Weise Gebrauch gemacht.
Nicht blos, daß man zur Beseitigung der im Beginne des Jahrhunderts
wohl ausnahmslos bestehenden Communionwirthschaft und zur Durchführung
einer zweckmäßigen Separation und Arrondirung der einzelnen Bauerstellen die
Felder willkürlich vertauschte, man nahm den Bauern auch je nach Be=
darf Ländereien ab, zur Arrondirung der Forsten, zur Schaffung von Wegen
und vor Allem zur Bildung von kleineren Besitzstellen, und zur Dotation von
Gemeinde und Schule. Die also veränderten, oft auch vergrößerten Hufen
wurden dann bei jeder neuen Regulirung besonders abgeschätzt und dann die zu
zahlende Pacht nach bestimmten Principien festgestellt, auch „1⅓ Procent von
dem Betrage sämmtlicher contractlicher Ergebnisse auf alle Pachtjahre zusammen
gerechnet" als Kammergebühr erhoben (§ 27 des Contractes).

Die alten Hauswirthe waren also trotz der nicht wegzuleugnenden her=
kömmlichen Rechte, die sie auf Erhaltung bei der Hufe für sich anführen konnten,
doch von der Willkür der Beamten, von der Gnade des Landesherrn abhängig,
konnten abgemeiert werden, mußten Theile ihrer Hufe ohne Entschädigung ab=
treten und sich eine Erhöhung ihrer Pächte gefallen lassen.

Wenn nun auch die Verwaltung so milde geübt wurde, daß diese un=
sicheren Besitzesverhältnisse für die indolenten unter den Hauswirthen kaum
als ein Nachtheil empfunden wurden, so ist doch unleugbar der jetzt fast
vollendete Uebergang zu sicherem Besitz, wie er durch die Ver=
erbpachtung geschaffen worden, gewiß als ein wesentlicher Fort=
schritt zu betrachten. Denn die Bauern hüteten sich begreiflicher Weise die
ihnen nur auf zeitweiligen Besitz überwiesenen Ländereien wesentlich zu melioriren,
und wenn ihnen auch in letzter Zeit kaum noch Beschränkungen in der Art der
Bewirthschaftung auferlegt wurden, so konnte doch ihr Betrieb nicht den An=
forderungen der Neuzeit entsprechend fortschreiten, weil sie mißtrauisch gegen das
vorgesetzte Amt und aus Furcht vor Pachterhöhung es unterließen, rationellere
Culturmethoden einzuführen, auch wegen des absoluten Mangels an Real=
credit dazu kaum im Stande waren. Deshalb suchte die Regierung bereits
im Beginne des Jahrhunderts auf Grundlage der römischen Emphyteusis den
Bauern ein erbliches, veräußerliches Recht am Grund und Boden zu verschaffen
und ließ nicht blos einzelne heimgefallene Bauerstellen in dieser Form veräußern,
sondern suchte auch ganze Bauerdörfer bei Gelegenheit der Regulirungen zu diesem
Grunderwerb zu veranlassen, bis endlich im Jahre 1867 die allgemeine
zwangsweise Vererbpachtung der noch vorhandenen Bauerhufen be=
schlossen und in überraschend kurzer Zeit — gewiß zum Segen des Landes
durchgeführt wurde.

Bei all diesen Vererbpachtungen ist, soweit es sich um Uebergang in die
Hand des bisherigen Besitzers handelte, auf die bestehenden Besitzes= und
Nachfolgerechte der Bauern entsprechende Rücksicht genommen worden und ihnen
demgemäß ein billiger Erwerbspreis zugestanden.

Die Erbpächter erhielten und besitzen ihre Hufen nicht zu freiem Eigen=
thum, sondern haben nur ein Nutzeigenthum daran erworben, kaufen dagegen die
Inventarien, die Saaten und die Gebäude und sind in ihrer Disposition über
die Ländereien nur insofern beschränkt, als sie die Hufe weder

parzelliren, noch mit anderen Grundstücken vereinigen dürfen. Sonst steht ihnen die Veräußerung und Verschuldung der Stelle frei. Doch behält die Grundherrschaft sich das Vorkaufsrecht für gewisse Fälle vor und er=hebt beim Besitzeswechsel bestimmte Gebühren. Die Erbpächter zahlen der Grund=herrschaft ihren Canon und bei Uebernahme des Gehöftes ein Erbstandsgeld, sowie eventuell Kaufgeld für Inventar, Saaten und Gebäude.

Bei den älteren Vererbpachtungen waren die Erwerbsbedingungen natur=gemäß sehr verschieden, je nachdem in Folge von Heimfall diese Bedingungen durch öffentliches Meistgebot festgestellt, oder neu gebildete Hufen ohne Gebäude und Inventar ausgegeben wurden resp. alte Hauswirthe in das neue Besitzver=hältniß freiwillig übertraten.

Bei der neuesten „allgemeinen Vererbpachtung" wurde nach folgenden Grund=sätzen gleichmäßig verfahren [1]).

Schon seit Jahren hatte die Grundherrschaft sich vorbehalten, die Zeit=pacht=Contracte „wieder aufzurufen, wenn die Vererbpachtung der Domanial=Bauerhufen allgemein beschlossen werden sollte" und dann entsprechende Stück=gewähr der „Kammergebühren" versprochen. (§ 27 der Pachtcontracte.) Man stellte nun, um schneller zum Ziele zu gelangen, den bisherigen Hauswirthen nur die Wahl, ob sie auf die gebotenen Bedingungen eingehen oder ihre Hufen der Kammer zurückgeben wollten und machte zum letzten Male von der Befugniß Gebrauch, die Bauerhufen dringenden Bedürfnissen entsprechend zu verändern.

In Anerkennung der vorhin erwähnten Anrechte der Bauern an ihren Hufen gab man ihnen dieselben bis zu 120 bonitirten Scheffeln, wo aber diese — bei gutem Acker und höherer Bonität — keine 18 000 □Ruthen ausfüllten, bis zu dieser Fläche nutzbarer Ländereien ohne alle Entschädigung, — nur für den Rest wurde ein Erbstandsgeld verlangt, der Bauer jedoch nicht ge=zwungen diesen Rest zu kaufen, sondern ihm freigestellt denselben der Grund=herrschaft zurückzugeben.

Wer mehr als 120 Scheffel übernahm, konnte den Ueberschuß auch als abgetrennte Nebenhufe eintragen lassen, jedoch mit der Beschränkung, daß dieselbe „binnen zwei Jahren nach der nächsten Veränderung in der Person des Besitzers" als besondere Besitzesstelle bebaut werden muß [2]).

Für die Gebäude zahlten nur diejenigen, die 71 oder mehr bonitirte Scheffel an Ländereien haben und zwar für jeden Scheffel über 70 bis 120 Scheffel 2 % des zur Zeit der Vererbpachtung bestehenden halben Brandcassen=werthes, wobei ihnen jedoch die ausschließlich für eigene Mittel aufgeführten Gebäude nicht angerechnet wurden. Saaten und Inventar erwarben die Erb=pächter käuflich, letzteres nach der billigen Taxe von 1806.

Alles, was demnach an Erbstandsgeldern und Kaufpreisen für Inventarien

---

[1]) Wir halten uns bei der folgenden Schilderung zum Theil wörtlich an die Darstellung, die der beste Kenner unserer Domanialverhältnisse, Balck, im ersten Bande seiner Finanzverhältnisse S. 99 giebt und benutzen außerdem die uns von ihm zur Verfügung gestellten Kammercirculare und Contractsformulare.

[2]) Ruprecht, „Die Erbpacht", Göttingen 1882, S. 152 meint irrthümlich, daß diese Bebauungspflicht „2 Jahre nach der factischen Trennung von der Stammhufe" eintrete. Ebenda behauptet er versehentlich, daß der volle Brandcassenwerth für die Gebäude entrichtet wurde.

und Saaten von den Bauern zu zahlen ist, haben sie der Regierung mit 5 %
zu verzinsen, wovon 1 % zur Amortisation benutzt wird; die Grundherrschaft
läßt ihnen dieses Capital unkündbar, gestattet aber dem Erbpächter völlige
oder ratenweise Abtragung seiner Schuld.

Der Canon der neuen Erbpächter ist der früheren Pacht gleich, mit 25
capitalisirt und seitens der Grundherrschaft unkündbar, kann aber
nach neueren Verordnungen von den Belasteten in einer Summe ab=
gelöst werden. Die älteren Erbpächter entrichten einen Korncanon, der jedoch
nicht in natura, sondern in baarem Gelde gezahlt wird und zwar so, daß alle
20 Jahre nach den Durchschnittspreisen für die vergangene Periode der Preis
jeder Korneinheit festgesetzt wird. Durch Circular vom 28. Februar 1872 ist
jedoch auch diesen älteren Erbpächtern gestattet worden, sich dem Wechsel des
Roggencanons zu entziehen, den neueren entsprechende Contracte zu nehmen und
ihren Geldcanon capitalisiren zu lassen. Es haben jedoch nach Angaben von
Balck nur ca. 100 Umwandlungen der Contracte stattgefunden.

Durch die eben geschilderte Vererbpachtung hat Mecklenburg im Domanium
einen — wenn auch nicht absolut freien — Bauernstand erhalten, der frei und
nach Gutdünken ohne Furcht vor Pachterhöhungen, ohne Sorge um den Verlust
eines Theiles seiner Hufe, sein Eigenthum bebauen kann, sein Eigenthum, über
das er beliebig unter Lebenden und auf den Todesfall verfügen kann; das er
verpfänden und verschulden, nur nicht ohne besondere Genehmigung parzelliren
und mit anderen Grundstücken consolidiren darf. Welche Wirkung diese groß=
artige Umgestaltung unseres Bauernstandes auf seine materielle Lage gehabt hat,
darüber werden wir weiter unten noch zu berichten haben.

Neben diesen als „Bauern" betrachteten Hauswirthen und Erbpächtern ist
als eine besondere Grundbesitzerclasse der Stand der Büdner im Domanium
geschaffen worden, d. h. kleinere Grundbesitzer, deren Besitzungen nicht eigentlich
zu den spannfähigen Nahrungen gehören, die aber mit ihrem durchschnittlich etwa
2000 ☐Ruthen, also 16 2/3 preußische Morgen umfassenden Areal ihr gutes
Auskommen haben, namentlich wenn, wie das häufig der Fall ist, sie zugleich
als Krüger, Schmiede, Müller oder Bauhandwerker, resp. durch Lohnfuhren in
der Nähe der Städte Nebenverdienst erwerben können. Sie besitzen ihr Areal
gleich den Erbpächtern nach dem Recht der Emphyteuse verkäuflich und verschuld=
bar mit derselben Beschränkung, daß sie nicht parzelliren und consolidiren dürfen.
Früher zahlten sie allgemein einen Roggencanon mit 20jähriger Preiserhöhung;
in neuerer Zeit sind ihnen mancherlei Vereinfachungen und Erleichterungen ihrer
Contracte gewährt, ihnen auch gestattet, den Canon mit Nebenerlegnissen zu
capitalisiren und in einer Summe abzulösen[1]). Eine Capitalisirung
ohne Ablösung wird nicht gestattet. Wenn, wie bei der allgemeinen Ver=
erbpachtung sehr oft geschah, ein Zuwachs an Ländereien für die schon bestehen=
den Büdnereien in Frage kam, ward ihnen dafür kein Canon, sondern
dafür dessen 25facher Betrag als Kaufgeld auferlegt, das sofort baar
auszuzahlen ist. Allen seit 1870 errichteten neuen Büdnereien ist „weder

---

[1]) Kammercircular vom 3. Januar 1870. Die Zahl derjenigen älteren Büdner,
die ihren Canon capitalisirt und abgelöst haben, ist actenmäßig nicht constatirt, aber sehr
groß. Die neueren Büdner haben ihre Kaufgelder in den gesetzten Fristen abgetragen.

ein Canon noch ein zur Zeit nicht abtragbares Capital" auferlegt, vielmehr ist nach § 4 der „Grundbriefe" für die Büdnereien die Abzahlung des Kaufgeldes „nach den Umständen" zu bestimmen und bis zum Abtrage 5 % Zinsen zu bedingen.

Die neuen Büdnerstellen, sowie die, deren Korncanon abgelöst, unter= scheiden sich also kaum vom freien Eigenthum, denn die Beschrän= kungen, welche die neueren Contracte auferlegen, sind derartig, daß sie auch bei freiem Eigenthum gesetzlich bestehen könnten.

Seit dem Jahre 1846 hat man ferner kleine ländliche Ansiedelungen, sog. Häuslereien geschaffen, um den Handwerkern, Einliegern und Tagelöhnern Gelegenheit zu bieten zur Erbauung eines eigenen Hauses und damit der weit= verbreiteten Auswanderungslust entgegenzuarbeiten.

Ursprünglich nur unter beschränkenden Bedingungen (z. B. Nachweis des Besitzes von ²/₃ der Baukosten) zugelassen, haben sich diese Häuslereien, wie wir oben gezeigt haben, in kurzer Zeit schnell vermehrt und die Regierung hat ihnen außer den anfänglich allein abgetretenen 25 ☐Ruthen zu Haus und Hofplatz auch noch bis zu 60 ☐Ruthen Gartenland beim Hofe in Erbpacht gegeben[1]), sowie alle lästigen Beschränkungen beseitigt. Seit 1868[2]) sind die Grundbriefe möglichst vereinfacht, die Vorschrift, „daß die Häuslerei nur eine Familie ent= halten darf und daß ein Haushalt sämmtliche Bewohner der Häuslerei um= fassen muß" ist verständiger Weise beseitigt, ebenso sind „alle grundbrieflichen Beschränkungen der Vermiethung einer Häuslerei" aufgehoben. Unstatthaft ist nur „jede Parzellirung der Häuslerei und jedes Zusammenziehen derselben mit anderen Grundstücken". Für neue Häuslereien muß das Grundgeld sofort baar bezahlt werden, das Kaufgeld für den Erbpachtgarten kann nur für kurze Zeit creditirt werden. Von der Erlaubniß den älteren Canon ab= zulösen ist reichlich Gebrauch gemacht.

Den Häuslern sowie den als „Einliegern" wohnenden Tagelöhnern war jedoch seit längerer Zeit die Möglichkeit geboten, durch Zupachten von Land ihre kleine Landwirthschaft zu vergrößern und durch Anbau von Brodkorn, Kar= toffeln, Viehhaltung ꝛc. ihre Existenz zu erleichtern.

Denn die Domanialverwaltung verpachtete bereits seit 1848 ein im Ganzen auf 7¹/₂ Millionen ☐Ruthen berechnetes Areal in Parzellen von einigen oder mehreren hundert ☐Ruthen an Einlieger oder später auch Häusler auf Zeit= pacht gegen sehr billigen Pachtanschlag. Diese sog. Einliegerländereien sind nach Einführung der Gemeindeordnung vom 29. Juni 1869 zumeist den Gemeinden

---

[1]) Ruprecht a. a. O. S. 149 bezeichnet diesen Besitz als „so unendlich winzig". Wir möchten glauben, daß er dabei von einer irrigen Vorstellung über die Flächen= einheit ausgeht. Er sagt in der Anmerkung 1 zu Seite 148, daß 18 000 ☐Ruthen = 60 mecklenburgische Morgen seien und scheint dabei diesen Morgen, der als Flächen= maß kaum üblich ist, mit dem gewöhnlichen preußischen sog. Magdeburger Morgen zu verwechseln. Die mecklenburgische ☐Ruthe ist aber viel größer als die preußische, so daß 120 Ruthen fast genau gleich 180 preußischen Ruthen = 1 Morgen sind. Demnach sind die Bauernstellen durchschnittlich ca. 150 Magdeburger Morgen groß, die Büdnereien 16—20 Morgen (nicht 6²/₃) und die Häuslereien haben fast genau einen halben Morgen Gartenland, d. h. reichlich genug, um für den eigenen Bedarf Gemüse und Kartoffeln zu bauen.

[2]) Kammercircular vom 14. November 1868.

als Dotation zur Tragung der ihnen auferlegten Lasten zu ungetheiltem Eigen=
thum überwiesen und werden von diesen wohl allgemein in der bisherigen Weise,
wenn auch gegen höheren Pachtschilling verwerthet.

Was nach Dotirung der Gemeinden an Land noch zur Disposition der
großherzoglichen Kammer verblieben ist, wird entweder wie bisher verpachtet oder
seit 1870 [1]) als sogenannte „Eigenthums=Parzellen" zu freiem Eigen=
thum verkauft; allerdings auch hier mit der Beschränkung, daß parzelliren und
zusammenziehen mit anderen Grundstücken unzulässig ist.

Damit haben wir die verschiedenen Formen des bäuerlichen und kleinen
Grundbesitzes im Domanium gekennzeichnet. Charakteristisch ist für
alle, daß ein Parzelliren und Consolidiren der einmal geschaffenen Besitzesstücke ausgeschlossen ist, weil man nicht wollte,
daß das, was mit vieler Mühe und nicht ohne große Opfer seitens der Grund=
herrschaft geschaffen, nun durch Aufkaufen von Seiten der Capitalisten und Groß=
grundbesitzer verschwinden sollte. Daß man in dieser an und für sich gewiß
berechtigten Fürsorge vielleicht über das Ziel hinausgeschossen, ist nicht unwahr=
scheinlich, obwohl bis jetzt, solange die Neugestaltung noch nicht abgeschlossen ist,
und durch die noch stattfindenden Neuregulirungen noch immer Areal für kleinere
Besitzesstellen frei wird, die durch das Parzellirungsverbot geschaffenen Fesseln
nur selten drückend empfunden werden.

Bedenklicher erscheint es, daß bei der dauernden Fixirung aller
gegebenen Größenverhältnisse auch eine Vergrößerung kleiner Besitz=
stellen, ein Emporarbeiten der Büdner zu spannfähigen Besitzern [2]) so wesentlich
erschwert ist. Sollte sich aber später das Bedürfniß dazu herausstellen, nach
der Richtung hin Erleichterungen eintreten zu lassen, so wird die Gesetzgebung
auch die jetzt geschaffenen Schranken zu beseitigen im Stande sein; denn für alle
Ewigkeit kann ja nie ein Gesetz geschaffen werden, und die Regierung hat durch
die zweckmäßigen Reformen, die sie für die Erbpächter, Büdner und Häusler
eingeführt hat, bereits den Beweis geliefert, daß eine zeitgemäße Weiterbildung
trotz der scheinbar unabänderlichen Verhältnisse möglich ist.

War das Bild, das wir bisher für das Domanium von den Besitzesrechten
der Bauern am Grund und Boden entworfen haben, im Großen und Ganzen
ein durchaus erfreuliches, so ist das leider nicht in gleichem Maße in dem eigent=
lich ritterschaftlichen Territorium der Fall. Wenn dort der unsichere Besitzstand der Hauswirthe im Verschwinden be=
griffen war, von dem fest fundirten Erbpächterstande verdrängt wurde, so sind
hier, soweit wir das Dunkel über diesen Verhältnissen zu durchdringen ver=
mochten, die von der Gnade und Willkür ihres Herrn abhängigen „Hauswirthe"
noch immer in bedeutender Anzahl, wohl gar in der Mehrzahl vorhanden,

---

[1]) Kammercircular vom 3. März 1870.
[2]) Wir bemerken noch, um Mißverständnisse zu beseitigen, daß wohl die Mehr=
zahl der Büdner mit eigenem Gespann meistens mit einem Pferde die Feldarbeiten
verrichtet. Diese Pferdehaltung wird ihnen aber nur dadurch ermöglicht, daß sie
durch Holz= und Torffahren oder sonstige Lohnfuhren den Unterhalt des Pferdes
verdienen. Oefters hält auch von mehreren Büdnern nur einer ein Pferd, der dann
für die Nachbarn die Feldbestellung mit besorgt.

und wo ein Erbpachtbesitz entstanden ist, da lasten oft ziemlich harte Bedingungen auf ihm und erschweren ein gedeihliches Emporblühen desselben.

Es war uns leider nicht möglich darüber Klarheit zu gewinnen, wie weit die wohlmeinenden Absichten des Landesherrn, die in der bezüglichen Gesetzgebung hervortreten, auch in der Ritterschaft durchgeführt sind, wie viel also von den vorhandenen Bauern zu Erbpächtern gemacht, wie viele wenigstens „die persön= liche Sicherheit" der „regulirten Bauern" gewonnen haben. Wir müssen uns daher darauf beschränken, die verschiedenen rechtlichen Verhältnisse zu schildern, ohne angeben zu können, in welchem Umfange sie Geltung gewonnen haben [1]).

Daß der Bauernstand in diesem Theile des Landes stets eine wenig be= neidenswerthe Existenz geführt habe, und durch die Rittergutsbesitzer die Zahl der Bauern stetig und rapide vermindert wurde, — was übrigens nicht von den mecklen= burgischen Rittern allein, sondern auch außerhalb Mecklenburgs geschah — haben wir bereits oben erwähnt und durch statistische Zahlen die allmähliche Abnahme zu er= weisen gesucht. Die Landesherren haben lange vergeblich gegen dieses „Recht der Ritterschaft" angekämpft und den Bauernstand zu erhalten gesucht. Das Einzige, was sie im landesgrundgesetzlichen Erbvergleiche von 1755 erreichen konnten, war das Verbot der Legung ganzer Bauerdörfer ohne Genehmigung des Landesherren. Trotzdem waren von 1756 bereits bis 1783 etwa 49 Dörfer gegen die Bestimmungen des Vergleiches niedergelegt, weil die Ritterschaft den § 336 so auszulegen suchte, als wenn nur für den Fall, daß „Verarmung und Verminderung der Unterthanen" daraus entstehe, das Legen der Dorfschaften verboten sei [2]). Daß aber daneben das Legen einzelner Bauergehöfte in großer Anzahl bis in dieses Jahrhundert hinein stattfand, beweisen unsere Tabellen.

Das Gesetz vom 18. Januar 1820 wegen Aufhebung der Leibeigenschaft versprach zwar eine ausführliche Gesetzgebung über die gesammten Bauern= verhältnisse, aber die eingeleiteten Verhandlungen mußten 1829 als erfolglos abgebrochen werden und die ritterschaftlichen Bauern in Schwerin haben lange warten müssen, bis die Landesherren eine nothdürftige Regulirung durchsetzen konnten [3]).

---

[1]) Der § 334 des Landes-Gr.=Ges.=Erbvergleiches bestätigt der Ritter= und Land= schaft „ihr landessittliches Eigenthumsrecht über ihre Leibeigenen Gutsunterthanen und deren innehabendes Ackerwerk und Gehöfte" und läßt „einem jeden Gutsherrn die Verlegung und Niederlegung dergestalt frei und unbenommen, daß er den Bauern von einem Dorf zum anderen setzen und dessen Ackerwerk zum Hofacker zu nehmen oder sonst dasselbe zu nützen Fug und Macht haben soll." Der § 336 beschränkt jedoch dieses Recht und bestimmt: „Sobiel die gänzliche Niederlegung der Dörfer und Bauerschaften betrifft, aus welcher Verarmung und Verminderung der Unterthanen entstehet, so soll eine solche eigenmächtige Niederlegung eines Dorfes an sich in der Regul gänzlich verboten" sein und von der Genehmigung des Landesherrn abhängen.

[2]) Diesen Standpunkt vertrat die Ritter= und Landschaft officiell in einer Be= schwerde, die sie unterm 11. April 1782 an den Kaiser und die Landesfürsten richtete. Abgedruckt in Schlözer's Staatsanzeigen, Bd. IV, S. 299 ff.

[3]) Im Strelitz'schen ist bereits unterm 10. December 1824 eine Vereinbarung publicirt, nach welcher die wenigstens die am 1. Januar 1801 noch vorhandenen Bauern in Erbpächter zu verwandeln sind, deren unveräußerliches Erbpachtgut je nach der Güte des Ackers 6—9000 ☐Ruthen an Acker und Wiesen enthalten muß. Raabe, „Meck= lenburgische Vaterlandskunde", II. S. 130.

Zwar wurde bereits 1849 „auf Antrag der Abgeordnetenkammer" unter Verheißung eines allgemeinen Gesetzes „jede nach dem bisherigen Rechte zulässige Legung von Bauerstellen" — sofern sie nicht auf Hoffeld errichtet waren, — verboten, doch „fand man sich" (nach Beseitigung der Verfassung) „bewogen, auf Antrag unserer getreuen Stände diese Verordnung wieder aufzuheben" [1]) und den alten Rechtszustand wieder herzustellen.

So blieb es, bis endlich im Jahre 1862 am 1. Januar eine „Verordnung betreffend die Regulirung der bäuerlichen Verhältnisse in den Gütern der Ritter und Landschaft" erlassen wurde, die wenigstens der willkürlichen Legung des Bauernstandes Schranken setzt.

Bis dahin wurden das Ackerwerk und die Gehöfte der Bauern, soweit diese nicht schon Besitzesrechte auf dem Wege des Vertrages erlangt hatten, als landsittliches Eigenthum der Rittergutsbesitzer behandelt, und den Bauern stand keinerlei Recht am Grund und Boden zu. Sie wurden auch sehr viel später aus Dienstbauern zu Pachtbauern gemacht und haben zum Theil noch bis in die Neuzeit hinein gewisse Frohndienste zu verrichten, wenigstens wird uns von kundiger Seite zuverlässig versichert, daß auch jetzt noch Bauern vorhanden sind, die zur Bestellung eines Theiles der Hofäcker verpflichtet sind und in der Erntezeit Fuhren und Dienste für den Gutsherrn zu verrichten haben [2]).

Die Mehrzahl der ritterschaftlichen Bauern ist aber, soweit sie nicht Erbpächter geworden sind, Zeitpächter ihrer Hufen, die als Eigenthum der Grundherrschaft gelten, und erst die genannte Verordnung vom 13. Januar 1862 hat ihnen theilweise ein beschränktes Anrecht auf dauernden Besitz ihrer Hufen gegeben.

Der § 1 dieser Verordnung hebt aber das Legungsrecht der Grundbesitzer nicht auf, sondern beschränkt es nur sehr wesentlich, — indem er verstattet, in Dörfern mit mehr als drei Bauern „die Hälfte davon, bei einer geraden Zahl, und bei einer ungeraden Zahl noch einen mehr niederzulegen, also von neun Bauern fünf, von sieben oder acht vier, von sechs drei. Von fünf dürfen nur zwei, von vier darf nur einer und von drei oder weniger Bauern eines Dorfes darf keiner niedergelegt werden." Da aber nach § 2 „bei der Beurtheilung der Zahl und Beschaffenheit, der in einem Dorfe vorhandenen und zu conservirenden Bauern derjenige Zustand zum Grunde gelegt wird, in welchem die Dorfschaft zur Zeit der Directorial-Vermessung", also von 1756—1778 sich befunden hat, so ist die Möglichkeit der Legung wohl nicht mehr in allzuvielen Fällen vorhanden.

Wenn alle Bauern der Anzahl nach conservirt bleiben, so darf der Gutsherr „von den gesammten Bauerstellen ein Mehreres sich nicht zueignen, als ihm §§ 1—3 des Gesetzes gestatten, doch dürfen die Bauerstellen durch solche Veränderung nicht unter 75 bonitirte Scheffeln Aussaat nebst vier Fudern Heu" behalten und müssen die Leistungen „allemal in Geld oder Naturalien" nie zu Diensten bestimmt werden, mit Ausnahme solcher Dienste, die auch der Eigenthümer als Communallast mitzutragen haben würde.

---

[1]) Verordnung vom 16. August 1849, vergl. Raabe, Ges.-S. Bd. IV, S. 911 und Verordnung vom 17. November 1851. Raabe IV. 912.
[2]) Vergl. auch Vollbrügge, „Das Landvolk im Großherzogthum Mecklenburg-Schwerin", Güstrow 1835, S. 37 ff.

Für alle nach diesem Gesetz „regulirten" Bauern sind die Leistungen un=
abänderlich in einem Korncanon, der nach zwanzigjährigen Durchschnittspreisen
in Geld bezahlt wird, nach bestimmten Regulirungsgrundsätzen festzustellen,
wobei eine Abminderung um 15 % eintritt, „wenn mehrere Bauern miteinander
oder mit der Grundherrschaft in Communion bleiben sollten". (§ 8) Ferner
sind diese regulirten Bauern „für die Folgezeit völlig sichergestellt. Es darf
mithin nach einmal ausgeführter Umlegung oder Veränderung von neuen Um=
legungen oder Permutationen nicht weiter die Rede sein". (§ 10) Freilich
bleibt dem Gutsherrn das Recht, den Hauswirth unter gewissen Bedingungen
abzumeiern, doch kann das nur durch die Gerichte geschehen, und ist der
Gutsbesitzer verpflichtet, das Gehöft unentgeltlich wieder zu besetzen
ohne Erhöhung der Leistungen oder unter irgend welchen Nebenbedingungen für
den neuen Wirth.

Ein eigentliches Erbrecht an ihrer Hufe ist aber auch den regulirten
Bauern nicht zugestanden. Der am 24. October 1861 publicirte Gesetz-
entwurf hatte zwar in § 12 eine Erbfolge in das Gehöft begründen
wollen; in dem nach den Berathungen mit den Ständen fertig gestellten
Gesetz hat jedoch nur „Der Gutsherr hinsichtlich der Wiederverleihung"
bestimmte Normen zu beobachten „Zur Erhaltung der Bauern=Familien bei ihren
Hufen". Danach muß er die Stelle nach der Erstgeburt „verleihen:

1) den sämmtlichen gemeinrechtlich erbfähigen Descendenten des letzten Be=
sitzers;

2) den vollbürtigen Geschwistern und Halbgeschwistern vom Vater her."

Es werden also keine Erbrechte, sondern nur „Succession-Ansprüche"
begründet, die nur berücksichtigt werden, wenn sie innerhalb eines Jahres beim
Gutsherrn angemeldet werden. Letzterer behält das Recht, von den zur Nach=
folge sich Meldenden den Nachweis der persönlichen Befähigung zur Bewirth=
schaftung zu fordern.

Fehlt es an successionsberechtigten Personen, so muß der Gutsherr, „die
Stelle unverändert mit der gesammten Hofwehr unentgeltlich" einem tüchtigen
geeigneten Manne binnen Jahresfrist wieder verleihen.

Die zu errichtenden Regulative können auch die eigenthümliche Ueberlassung
der Gebäude und Hofwehren an die Bauern bedingen, und „über das Maß der
Verschuldbarkeit einer jeden Bauerstelle und wegen etwaiger Errichtung eines
Hypothekenbuchs" muß in den Regulativen das Nöthige bestimmt werden.

Durch die bisher genannten Bestimmungen des Gesetzes ist der Besitz=
stand und die Erhaltung der regulirten Bauerhufen allerdings gesichert, der
Besitz den einzelnen Familien aber keineswegs garantirt, und vor allem ist
dieser Besitz kein freies Eigenthum der Familie, das der Bauer möglichst
zu verbessern und im Werthe zu steigern ein Interesse haben muß, das er
eventuell veräußern kann, um den Seinen die Früchte seiner Arbeit zu
sichern, sondern es ist und bleibt das Eigenthum des Grundherrn, der wenn
auch vielfach beschränkt, durch das Gesetz doch noch immer sein Uebergewicht
gegen den Inhaber der Stelle geltend machen kann. Bedenkt man dazu, daß
diese Bauern eventuell für Gebäude und Hofwehren noch eine Entschädigung
zahlen müssen und dazu den jährlichen Grundzins zu entrichten haben, so sind
ihre materiellen Lasten kaum geringer, als die der Erbpächter im

Domanium, ihre rechtliche Stellung dagegen ist sehr viel schlechter. Uebrigens können (§ 16) mit freier Zustimmung beider Theile und Genehmigung der Landesherrschaft die regulirten Bauerhufen in unveränderter Form in Erb= pachtstellen verwandelt werden.

Soweit das Gesetz nun für die Bauerstellen dauernden Besitz schafft, ist es immerhin als ein Fortschritt zu betrachten gegen die früheren, unsicheren Zustände; aber der Pferdefuß kommt nach, denn Niemand ist zur Regulirung gezwungen und „bei allen Gehöften, die ganz unangetastet in ihrem bis= herigen Verhältnisse zum Gutsherrn und zur Dorfschaft geblieben sind und forthin erhalten werden, bleibt es bei der bisherigen Ueblich= keit". (§ 14) Da gilt der Bauer nur als Zeitpächter oder wohl gar als Dienstbauer, der willkürlich abgesetzt werden kann, der keine Successionsansprüche geltend machen kann und daher auch kein Interesse an rationeller Bewirthschaftung seiner Hufe haben wird. Aber der Gutsherr ist, wenn er diesen Zustand erhalten will, seinerseits gezwungen, die bisherigen Verhältnisse unangetastet zu lassen, kann also auch keine zeitgemäße Erhöhung der Pächte ꝛc. verlangen und das dürfte doch vielfach die Veranlassung bilden, Regulirungen bei der Landesherrschaft zu beantragen.

Bemerkt sei noch, daß es den Gutsherrn nach wie vor frei steht, die „auf ursprünglichen Hofländereien" errichteten Bauerstellen wieder eingehen zu lassen und daß andrerseits das Gesetz diejenigen, die bereits über Gebühr Bauerhufen eingezogen hatten, zur Neueinrichtung der zu viel gelegten zwang.

Leider ist es unendlich schwer, für den Privatforscher wohl gar unmöglich zu ermitteln, wie dieses Gesetz auf die bäuerlichen Verhältnisse der Ritterschaft eingewirkt hat, d. h. wie viele Regulirungen stattgefunden haben[1]). Die Urtheile, die wir darüber hörten, gingen weit auseinander. Während sach= kundige Regierungsbeamte uns versicherten, daß wenige Anträge auf Regulirung eingingen, und das Gesetz daher nicht wesentlich zur Sicherung der zeitigen Be= sitzer der Bauerhufen beigetragen habe, wurde uns von anderer Seite versichert, daß jene Regulirungen ziemlich zahlreich stattgefunden hätten. Wo die Wahrheit liegt, vermögen wir nicht zu entscheiden, gewiß scheint es, daß es noch immer für eine ansehnliche Zahl von Bauern „bei der bisherigen Ueblichkeit" ge= blieben ist.

Ebensowenig gelang es uns genaue Nachricht darüber zu erhalten, wie viele Bauern zu den gesicherten Besitzesrechten des Erbpachtsystems gelangt sind. Die Regierung hat es nicht an Anregung dazu fehlen lassen, aber es scheint, wie schon die Nothwendigkeit des Erlasses der obigen Ver= ordnung von 1862 documentirt, durchaus nicht allgemein, von der Berechtigung zur Einrichtung von Erbzinsstellen, wie sie die Patentverordnung vom 6. Februar 1827[2]) und die Verordnung vom 20. Mai 1868 (Regierungsbl. Nr. 37) gewährten, Gebrauch gemacht zu sein.

Da aber die Erbpacht hier vielfach in ganz anderer Form als im

---

[1]) Es wäre unseres Erachtens höchst verdienstvoll, wenn das statistische Büreau in Schwerin sich der Aufgabe unterziehen wollte, die bäuerlichen Verhältnisse der Ritterschaft ebenso ausführlich und vorzüglich zu bearbeiten wie die des Domaniums.

[2]) Raabe, Ges.=S. Bd. IV S. 900.

Domanium auftritt, wollen wir die besonderen Eigenthümlichkeiten, soweit sie uns bekannt geworden sind, kurz hervorheben.

Die in den Kreisen der Ritterschaft weit verbreitete Vorliebe für Familien=fideicommisse, für unveräußerliches und unverschuldbares Grundeigenthum hat zu dem Bestreben geführt, möglichst für die kleineren Verhältnisse der Bauern ähnliche Institutionen zu schaffen, und so finden sich gar oft derartige beschränkende Bestimmungen.

Der Normalerbpachtcontract, der Seitens der Regierung für die Genehmigung von Erbpachtanträgen als Muster benutzt wurde[1]) — und eine Masse von Beschränkungen hinsichtlich der Bewirthschaftung und Ausnutzung des Grundstückes aufrichtet, — gestattet zwar den Verkauf der Hufe, begrenzt aber die Verschuldbarkeit derselben. Der § 25 bestimmt, daß eine Verschuldung der Hufe nur zu Hypothekenbuch rechtlich möglich sein und ein un= mittelbarer Angriff der Stelle nur den eingetragenen Hypothekengläubigern zu= stehen solle. Es darf aber nicht mehr, als eine bestimmte Summe, die als der halbe Werth der Hufe gilt, in das Hypothekenbuch eingetragen werden. Um nun den angenommenen Werth und damit die Höhe der Verschuld= barkeit nicht für alle Zeiten unabänderlich festzustellen, soll alle 50 Jahre eine Werthschätzung vorgenommen werden können. Daß in diesem Sinne zahlreiche Erbpachtcontracte abgeschlossen worden sind, beweisen die in der Raabe'schen Gesetzsammlung mitgetheilten Bekanntmachungen über die Niederlegung von Hypothekenbüchern für Erbzinsstellen in den ritterschaftlichen Besitzungen[2]). Andererseits sind dort aber auch Erbpachthufen erwähnt, bei denen eine solche Einschränkung nicht vorliegt, die also „unbeschränkt verschuldbar" sind[3]) und endlich ist für viele der seit 1837 vererbpachteten Bauerstellen die für die Klosterbauern erlassene Hypothekenordnung angezogen, in der, wie wir weiter unten sehen werden, eine beschränkte Verschuldbarkeit vorgesehen ist.

In einzelnen Fällen ist aber nicht bloß die hypothekarische Belastung der Erbpachtstellen beschränkt, sondern direct die Hufe zu einem unveräußer= lichen Familienfideicommiß erhoben worden. So heißt es in dem uns vorliegenden „Erbleihe Brief für die Bauerngehöfte" der Gräflich v. Bothmer'=

---

[1]) Abgedruckt im „Politisch=praktischen Wochenblatt für Mecklenburg", 1847, S. 443—452.

[2]) Raabe, Ges.=Samml. Bd. II S. 127. Einige Beispiele daraus mögen hier folgen. Nr. 1286 d. dato 14. September 1822 wird für zwei Erbpächter zu Wen= dorf bestimmt, daß dem Hypothekenbuche eine gerichtlich veranstaltete Taxe des Werthes der Gebäude, der Einsaaten und des Inventarii der Erbpachtstelle voran= zusetzen sei und die Stellen unwiderruflich nur bis zur Hälfte dieses Werthes verschuldet werden können und weitere Eintragungen zum Nachtheil der Gehöfts= erben nicht stattfinden dürfen.

Ebenso Nr. 1287 de dato 7. October 1823.

Nr. 1289 d. dato 21. März 1831 gestattet die Verschuldbarkeit für sechs Bauer= gehöfte nur bis zum halben Brandcassenwerth der Gebäude, ebenso Nr. 1298.

Für die sieben Erbpachtgehöfte zu Stroßersdorf ist eine Verschuldung bis zu dreiviertel „des ausgemittelten Werthes zulässig".

In anderen Fällen, z. B. 1299, 1302, 1307 und 1307 wird eine bestimmte Geldsumme, 200, 300 und 800 Thaler als Maximum der Verschuldbarkeit angegeben.

[3]) Vergl. Raabe a. a. O. II. Nr. 1239, 1291, 1293, 1294, 1295, 1296, 1297, 1300, 1312.

schen Fideicommißgüter [1]) ausdrücklich, daß die Gehöfte mit ihrem Zubehör d. h.
mit Gebäuden, Saaten, Vorräthen, Inventar, erforderlichen Jahreszinsen ꝛc.
„ein Familienfideicommiß bilden sollen, welches regelmäßig weder ganz noch theil=
weise, weder freiwillig noch im Rechtswege, weder durch Geschäfte unter Leben=
den noch auf den Todesfall veräußert oder dem im Contract bestimmten Nach=
folger entzogen werden könne". „Jeder Kauf=, Tausch= und Schenkungsvertrag
ist hienach null und nichtig". Nur wegen etwaiger durch das Hypothekenbuch
gesicherter Forderungen kann der Zwangsverkauf mittels Einleitung eines Special=
concurses beantragt werden, deshalb ist aber auch die Verschuldung des Gehöftes
mit Zubehör „regelmäßig unstatthaft und nur ausnahmsweise" mit gutsherr=
licher und landesherrlicher Einwilligung zulässig.

Abgesehen von derartigen, wenn auch nicht immer, so doch wie es scheint
recht häufig vorkommenden Beschränkungen ist die Lage der ritterschaftlichen
Erbpächter derjenigen der älteren Erbpächter im Domanium ähnlich, sie haben
einen in Geld zu zahlenden Roggencanon nach zwanzigjährigen Durchschnitts=
preisen zu entrichten, sind zu einer Ablösung desselben nicht berechtigt, und
dürfen ihre Hufen weder theilen noch mit anderen vereinigen. Zu den Gemeinde=,
Kirchen= und Schullasten haben sie beizusteuern, die Verwaltung der Gemeinde=
angelegenheiten gebührt aber ausschließlich der Grundherrschaft, dem Guts=
besitzer.

Neben den verschiedenen Erbpächtern, regulirten Bauern und Hauswirthen
sind sodann in der Ritterschaft noch eine Anzahl freier Bauern zu er=
wähnen, die über 100 an der Zahl, keinerlei Grundherrschaft über sich haben,
weil sie selbst durch Kauf Eigenthümer der betr. Rittergüter geworden sind [2]).
Sie haben sogar als Rittergutsbesitzer Landstandschaft, die sie durch ihren
Schulzen im Namen der Bauerschaft ausüben lassen.

Das früher vorhanden gewesene Hoffeld ist den Bauerstellen zugelegt
worden, theils als Erweiterung der Ackerschläge, wo nicht separirt ist (zu
Niendorf, Zielow und Rossow), theils als mit den Hufen verbundener Besitz,
wo die Communionwirthschaft aufgehoben ist. Auch hier sind die Bauernstellen
untheilbare Besitzungen und ein gleichzeitiger Besitz mehrerer Stellen ist nur
ausnahmsweise zulässig [3]).

----

[1]) Es handelt sich nach dem Staatskalender von 1883 um nicht weniger als
64 Bauerstellen.
[2]) Es sind das die Bauerschaften
　　　　zu Rossow . . . (26 Hauswirthe)
　　　　zu Buchholz . . (26　　„　　)
　　　　zu Grabow . . . (16　　„　　)
　　　　zu Niendorf . . (22　　„　　)
　　　　zu Zielow . . . (8　　„　　)
　　　　zu Wendisch=Priborn (11 Hauswirthe (?) und 30 Hausbesitzer).
Eine ausführliche Darstellung der eigenartigen Verhältnisse dieser Bauerschaften
siehe Böhlau, „Mecklenburgisches Landrecht", Bd. III. S. 268—300.
[3]) So darf in Wendisch=Priborn keiner zugleich mehr als zwei Gehöfte in dem
Dorfsverbande besitzen, und jeder, dem ein Drittel durch Erbschaft zufällt, muß eines
binnen Jahr und Tag verkaufen. Vergl. § 12 der angef. „Bestätigung der Verein=
barung der Gehöftsbesitzer und Hauseigenthümer zu Wendisch=Priborn", abgedruckt
bei Dankwardt, „Das Mecklenburg=Schwerin'sche Bauernrecht", Schwerin 1862, S. 75 ff.
In Buchholz wird zeitweilige Vereinigung mehrerer Gehöfte in einer Hand nur für

Was endlich die Stellung der Bauern und Kleingrundbesitzer in den Kloster=
gütern sowie in den Kämmereigütern der Städte betrifft, so finden sich be=
sondere Formen des Besitzes hier wohl nicht. Die meisten Klosterbauern
sind zu Erbpächtern gemacht worden, nur das Kloster Dobbertin hat nach dem
Staatskalender noch circa 52 Hauswirthe, ob bereits regulirt oder nicht, ver=
mögen wir nicht anzugeben. Ebenso sind die in der letzten Zeit, wie wir sahen,
sehr bedeutend an Zahl vermehrten Bauer= und Büdnerstellen in den städtischen
Kämmereigütern wohl zum größten Theil in Erbpachtbesitz übergegangen; hie
und da, z. B. in den Rostocker=Hospitalsgütern haben jedoch die bezüglichen
Verhandlungen noch nicht zu einem vollständigen Abschluß gelangen können. Bei
den Klosterbauern ist in allen Erbpachtcontracten eine Beschränkung der hypo=
thekarischen Belastung[1]) eingeführt, die noch in neuerer Zeit (durch Verordnung
vom 30. Januar 1869. Reg.=Bl. 12) bestätigt ist.

Ueberblickt man die bisher geschilderten Verhältnisse noch einmal, so zeigt
sich ein ziemlich vielgestaltiges Bild des ländlichen Mittel= und Kleinbesitzes in
Mecklenburg, aber überall ist die Entwicklung eine günstige zu nennen, und
für unseren Bauernstand bilden die letzten Jahrzehnte, nicht wie vielleicht anderswo,
den Anfang einer traurigen Epoche des Rückganges, sondern haben zu gesicher=
teren Besitzverhältnissen geführt und die Grundlage einer
gedeihlichen Fortbildung geschaffen. Freilich hatten wir, wie die obigen
Darlegungen gezeigt haben werden, Vieles nachzuholen, weil wir Vieles
versäumt hatten; aber hoffentlich kommen nun dem neu erstarkten Bauernstande
die Erfahrungen anderer Landestheile zu Gute.

3. Das bäuerliche Erbrecht am Grundbesitz, Abfindungen und Altentheil.

Von einem Erbrecht am Grund und Boden kann nach den obigen Schilde=
rungen nur bei einem Theil, glücklicher Weise bei dem größten Theil der meck=
lenburgischen Bauerstellen die Rede sein. Die „Hauswirthe" haben keinen
Immobiliarbesitz zu vererben und die „regulirten Bauern" haben ebenfalls kein
directes Erbrecht, sondern nur Successions=Ansprüche erworben.

Trotzdem hatte sich auch bei dem alten, abhängigen Bauernstande eine Art
von Immobiliar=Erbrecht herausgebildet. Nur einer der Descendenten des
letzten Gehöftsbesitzers übernahm die Hufe, — wenn auch nicht auf Grund erb=
rechtlicher Ansprüche und zu freiem Eigenthum so doch zu alleiniger Nutzung, —
die übrigen Geschwister wurden von dem Gehöftsnachfolger mit Abfindungen
und Aussteuern aus der Hufe bedacht, die überlebende Wittwe im Alten=
theile verpflegt, für minorenne Kinder trat ein Interimswirth ein. Wie weit
dieses alte Bauernrecht sich in die Rechtsanschauungen des Volkes eingelebt hatte,
das beweist unter Anderem die Thatsache, daß nach § 4 der Verordnung vom

Lebzeiten von Gehöftsbesitzern gestattet, welche mortis causa andere Gehöfte hinzu
erwerben. Aehnlich in Niendorf, wo aber binnen Jahr und Tag der Verkauf an
einen jüngeren Bauernsohn des Dorfes erfolgen muß rc.
    [1]) Vergl. v. Meibom, „Deutsches Hypothekenrecht", Leipzig 1871, Bd. II.
S. 17 ff.

13. Januar 1862 selbst „die niedergelegten Bauern und die Jhrigen durch landesübliches Altentheil gehörig verforgt werden müssen".

Für die regulirten Bauern ist in derselben Verordnung (§ 13) ausdrück= lich vorgeschrieben, daß „das bäuerliche Herkommen, insbesondere was die Berechtigung zu einem Altentheil und die Größe desselben, sowie die Unter= stützung und Abfindung nachgeborener Kinder betrifft, in den Regulativen zu berücksichtigen" sei.

Erst durch die Vererbpachtung ist aber ein eigentliches Erbrecht an der Bauerhufe begründet. Da aber ein Gesetz über die Jnteftatfolge für die ritter= schaftlichen Erbpächter nicht exiſtirt, so würde das Gemeine Recht mit seiner gleichen Berechtigung aller Erben eintreten und Erbtheilungshalber Verkäufe von Bauerstellen an der Tagesordnung sein, wenn nicht in vielen, vielleicht den meisten Contracten, welche ritterschaftlichen Bauern ertheilt sind, die Ge= höftsnachfolge, die Ordnung des Altentheils ꝛc. nach den Grundsätzen des bäuer= lichen Herkommens geregelt wäre.

Der Normalerbpachtcontract, von dem wir wohl annehmen dürfen, daß er die Richtschnur für viele Einzelcontracte gewesen, ordnet zunächst die Erbfolge, für das untheilbare Bauergut, das naturgemäß nur einem Anerben zufallen kann; er beschränkt aber gleichzeitig die Testirfreiheit des Erblassers und gestattet ganz allein „dem Erbpächter, der keine Descendenz hinterläßt" testamentarisch den Gehöftserben zu ernennen (§ 32).

Werden über den sonstigen Nachlaß letztwillige Verfügungen getroffen, so muß der Gehöftsnachfolger unter allen Umständen von den vorhandenen Vor= räthen an Korn und Victualien soviel unentgeltlich erhalten, als nach gutacht= lichem Ermessen zur Fortführung der Wirthschaft bis zum 1. August unent= behrlich ist, ebenso muß ihm das erforderliche lebende und todte Jnventar (nach seiner Auswahl), für die Hälfte des durch Taxation ermittelten Werthes über= lassen bleiben. Nur über das dann noch verbleibende Vermögen kann der Erb= lasser disponiren.

Der Anerbe muß sich aber bei sonstiger Erbauseinandersetzung den unver= schuldbaren Taxwerth der Hufe und den von ihm nicht zu bezahlenden halben Werth des übernommenen Jnventars auf sein Erb= und selbst Pflichttheil an= rechnen lassen, jedoch kann er durch Nichts gezwungen werden, sich Hufe und Jnventar zu einem höheren Werthe berechnen zu lassen, oder, falls er dadurch mehr erhält als sein Erbtheil betragen würde, dieses Plus irgend wie zu ver= güten und auszugleichen.

Der Gehöfts=Erbe muß sodann dem hinterbliebenen Ehegatten des ver= storbenen Erbpächters ein Altentheil gewähren, das die Gutsobrigkeit mit Rücksicht auf die Bedürfnisse des Berechtigten und die Leistungsfähigkeit der Stelle regulirt, und hat seine Geschwister bis zur Confirmation resp. bis zum vollen= deten 15. Lebensjahre zu ernähren und zu erziehen.

Da wir bereits oben darauf hingewiesen haben, daß gerade bei den ritter= schaftlichen Grundherren das Bestreben unverkennbar hervortritt, die Bauerfamilien im Besitz der Erbpachtstellen zu erhalten, so ist wohl anzunehmen, daß diese oder ähnliche Bestimmungen in den meisten Erbpachtcontracten zu finden sein werden, in einigen, die uns zugänglich waren, sind sie thatsächlich enthalten. Dieselben Grundsätze der Bevorzugung des Anerben, der Regelung des Altentheils, der Abfindung der übrigen Erben, sowie Beschränkungen der Testirfreiheit zu Gunsten des Gehöftserben finden sich auch bei den oben genannten sechs f r e i e n B a u e r s c h a f t e n. Doch tritt hierbei noch eine eigenthümliche Art von Gemeindecommunismus und Bevorzugung der „unter uns Geborenen" gegenüber Fremden hervor. Z. B. darf in Niendorf ein Gehöftsbesitzer nur dann testamentarisch über seine Hufe verfügen, „wenn er überall keine Töchter oder männliche nachfolgeberechtigte Verwandte hat". Hat er aber dann die Hufe statt „einem unter uns Geborenen, der kein Gehöft hat" einem Fremden vermacht, so „stehet jedem geborenen Niendorfer ohne Gehöft d a s V o r r e c h t zu, binnen Jahr und Tag die Stelle von dem fremden Testamentserben mit 5 000 Thalern nach Abzug der Kämmerei-Schulden e i n z u l ö s e n".

G e s e t z l i c h geregelt ist die Erbfolge in die Bauergüter nur für die Erbpachtbauern des Domaniums.

Ursprünglich galt für die Erbpächter rücksichtlich der Vererbung wie der Veräußerlichkeit und Verschuldbarkeit das g e m e i n e R e c h t, und nur ausnahmsweise scheint für die älteren Erbpächter eine contractliche Regelung der Erbfolge eingeführt zu sein. Da aber die Gerichte, wo ein Anderes nicht bestimmt war, in Erbschaftsfällen das alte bäuerliche Herkommen, das man vielleicht gar nicht einmal beseitigen w o l l t e, nicht respectiren konnten, sondern gleiche Berechtigung aller Erben anerkennen mußten, so wurden Verkäufe Erbtheilungshalber nicht selten nothwendig, und man entschloß sich später zu contractlicher, dann zu gesetzlicher Ordnung der Erbfolge, um die Bauerstellen im Besitz der Familien möglichst zu conserviren. Die Verordnung vom 25. Januar 1860 (Regbl. Nr. 4) brachte zuerst die bäuerlichen Institutionen wieder zu gesetzlicher Geltung auch für den Erbpachtbesitz. Sie bezieht sich jedoch nur auf die b ä u e r l i c h e n Erbpachtgüter d. h. auf diejenigen, die mehr als $37\frac{1}{2}$ bis zu 350 bonitirte Scheffel enthalten, soweit für dieselben die Erbfolge nicht contractlich geregelt ist oder wird, und sie nicht in Händen von Rittergutsbesitzern sind; sie verlangte ferner zur Begründung der neuen Erbfolge Eintragung in eine besondere Matrikel.

Dieses erste Gesetz ist bei Beginn der allgemeinen Vererbpachtung durch die „revidirte Verordnung betreffend die Intestat-Erbfolge in die Bauergüter der Domänen" vom 24. Juni 1869 (Regbl. Nr. 54) abgeändert worden und in mancher Beziehung vereinfacht.

Die wichtigsten Bestimmungen der jetzt geltenden Verordnung sind die folgenden:

Das Gesetz gilt nur für die „Bauerhufen" des Domaniums in dem oben angeführten Sinne und behandelt diese sammt „Zubehör" in Ansehung der Intestat-Erbfolge und Erbtheilung als einen besonderen Theil des Nachlasses. Als Zubehör erhält der Gutsnachfolger mit dem Bauergute:

1) Das vorhandene zu der Bewirthschaftung des Gutes dienende Vieh-, Feld- und Wirthschafts-Inventarium;

2) die vorhandenen Vorräthe an Heu, Stroh und Dünger;

3) aus den vorhandenen übrigen Vorräthen den Bedarf zur Einsaat und zum Unterhalt von Menschen und Vieh bis zur nächsten Ernte;

4) die bereits beschaffte Acker-, Wiesen- und Gartenbestellung.

Der Gehöftserbe übernimmt die eingetragenen Schulden und, soweit sie aus dem sonstigen Nachlasse nicht getilgt werden können, auch die Allodialschulden des Erblassers.

Der Anerbe wird nach der Erstgeburt und unter Bevorzugung des männlichen Geschlechtes bestimmt und sind erbberechtigt der Reihe nach die Descendenten, der zurückgetretene Ascendent, die vollbürtigen Geschwister und die Halbgeschwister von der Seite, von welcher das Gut herstammt, endlich die übrigen Blutsverwandten.

Sind mehrere Descendenten vorhanden, so hat sie der Anerbe aus dem Bauergute abzufinden und auf Verlangen gegen Zinsgenuß ihres Vermögens bis zum vollendeten 16. Jahre, oder falls sie erwerbsunfähig sind, ohne Zeitbeschränkung standesgemäß zu alimentiren. Der überlebende Ehegatte erhält aus dem Bauergute einen Altentheil. Die Höhe des letzteren und der Abfindungen ist ortsstatutarisch geregelt (s. unten). Verkauft der Anerbe das Bauergut, so haben seine ihm gleichberechtigten Miterben der Reihe nach das Vortaufsrecht, selbst vor der Domanialverwaltung, doch darf dadurch für einen intabulirten Gläubiger, der als Käufer aufgetreten war, kein Ausfall an dessen eingetragenen Forderungen entstehen.

Die Testirfreiheit des Erblassers wird nicht beschränkt, er darf vor Allen letztwillig den Gutsnachfolger, den Werth, zu welchen dieser das Gut anzunehmen hat und die Größe der Abfindungen bestimmen, ja, er darf sogar die Veräußerung des Gutes untersagen und die Verschuldbarkeit beschränken. Wenn die letzteren Verfügungen nur für die Person des Gutsnachfolgers gelten sollen, so genügt deren Eintragung in das Hypothekenbuch und kann alsdann das Gut nur zur Befriedigung bereits intabulirter Gläubiger und derjenigen sonstigen Schulden des Erblassers, für welche es aushülflich haftet, verkauft werden. Sollen derartige Verfügungen aber auch für die späteren Gutsnachfolger bindend sein, so ist die großherzogliche Bestätigung derselben erforderlich.

Wie man sieht, sind durch dieses Gesetz alle die bisherigen Institutionen des bäuerlichen Rechtes auch für die Erbpächter zur Geltung gekommen, und das Bestreben tritt überall deutlich erkennbar hervor, die Bauerhufen in dem Besitz der Familien zu erhalten. Schafft doch die zuletzt genannte Bestimmung sogar das Recht, ohne Beschränkung selbst für kleine Bauergüter, Familienfideicommisse zu schaffen, die, wenn sie nur für eine Generation gelten sollen, schon durch einfache Eintragung in das Hypothekenbuch entstehen.

Man will dadurch wohl einen Theil der Ungerechtigkeit ausgleichen, der unleugbar darin liegt, daß dem ältesten Sohne das volle Bauergut mit allen Vorräthen überliefert wird, die jüngeren Geschwister dagegen mit wenigen hundert Thalern abgefunden werden, und doch dem Anerben das Recht zusteht, die Hufe binnen Kurzem eventuell mit einem Gewinn von Tausenden zu verkaufen. Das Verkaufsrecht der gleichberechtigten Miterben ist ja nur aus demselben Bestreben heraus zu erklären, aber kein absolutes Schutzmittel, weil hohe Kaufpreise, also hoher Gewinn des Anerben von der Ausübung des Rechtes abschrecken werden.

Das gleiche Bestreben, die Bauerhufen in dauerndem Besitz der Familie zu erhalten, tritt auch bei der Regulirung der Abfindungen und Altentheile hervor.

Man gestattete zwar orts statutarische Regelung, um möglichst die bisherige Ortsüblichkeit zu bewahren und die Bauergutsbesitzer nicht durch „eine ihren Auffassungen und Lebensanschauungen widersprechende Regelung" zu testamentarischer Aenderung derselben zu bewegen [1]); doch ward den Beamten als Richtschnur angegeben, die Lasten nicht zu einer, den Erbpächter gefährden= den Höhe zu steigern.

Die Regierung proponirte daher, für alle berechtigten Descendenten ein bestimmtes Abfindungscapital auszusetzen, das aber nicht höher als auf ein Drittel des „Canoncapitals" zu bemessen sei. Die Verhandlungen er= gaben aber, daß die Bauern die Abfindung lieber zu einer Quote der reinen Gutsmasse, d. h. des jeweiligen Werthes desselben nach Abzug der Schulden und Lasten bestimmt und die Naturalaussteuern beseitigt haben wollten [2]). Dem entsprechend darf nach dem Kammercircular vom 9. August 1873 in den Sta= tuten die Abfindung nicht höher als auf die Hälfte der „reinen Guts= masse" zugelassen werden, ein Miterbe hat sich jedoch mit einem Drittel zu begnügen, während andrerseits die ganze Abfindung der Miterben in der Regel nicht geringer sein darf, als ein Drittel der „reinen Gutsmasse", wobei angenommen wird, daß „die brüderliche Taxe des Bauer= gutes wohl ohne Ausnahme erheblich unter dem gemeinen Werthe bleiben wird". Die Altentheile sind durchweg in Naturalleistungen ausgesetzt und nur bei Häu= fung der Altentheile ist Geldzahlung zulässig.

Das geschilderte Intestaterbpacht findet jedoch, wie schon erwähnt, nur auf die eigentlichen Bauerstellen Anwendung, für die großen Erbpachthöfe, wie für den Grundbesitz der Büdner und Häusler normirt das gemeine Recht.

Für erstere fürchtet man wohl dem Anerben zu großen Vorsprung vor den übrigen Geschwistern zu geben, bei letzteren dagegen ist die Gefahr der freien, gleichen Theilung des Vermögens und des dadurch bedingten häufigeren Besitz= wechsels der kleinen Stellen nicht allzu groß, da diese zu alleiniger Ernährung der Familie selten ausreichen, und anderseits eine Zerstückelung gesetzlich unzu= lässig ist.

4. Die wirthschaftliche Lage des Bauernstandes.

a. Gemeindeabgaben, Hypothekenwesen, Crediteinrichtungen, Verschuldung, Wirkung der allgemeinen Vererbpachtung.

Wir haben bisher fast ausschließlich die rechtliche Stellung des mecklen= burgischen Bauernstandes und ihre historische Ausbildung während der letzten Jahrzehnte besprochen, wir wenden uns jetzt der eigentlich wirthschaftlichen Lage des ländlichen Mittelstandes zu, wollen jedoch zuvor noch kurz diejenigen Ver= hältnisse schildern, die, obwohl zum Theil öffentlicher Natur, doch wesentlich zum Gedeihen des Einzelnen beitragen.

Man klagt im übrigen Deutschland, vielfach nicht mit Unrecht, über den Druck der Steuerlast, die vom Staat und den Gemeindeverbänden auf die Schultern der Landwirthe gelegt wird, und klagt vor Allem über die un= gerechte Vertheilung der Steuern, die den Grundbesitz in Form von übermäßigen

---

[1]) Allg. Rescript vom 10. October 1870.
[2]) Kammercircular vom 11. Mai 1872.

Zuschlägen zur Grund= und Gebäudesteuer doppelt hart treffen. Von alle=
dem ist in Mecklenburg wenig oder gar nicht die Rede; die ge=
ringen Grundsteuern, die seit vielen Jahrzehnten unverändert als „Contribution"
seitens des Staates erhoben werden, sind wenig drückend und im Vergleich zu
anderen Staaten verschwindend klein. Dabei sind sie fast die einzigen directen
Steuern, die der Bauer zu entrichten hat, es sei denn, daß er in Form von
Zinsensteuer besondere Capitalrenten zu versteuern hat. Auch die Gemeinde=
abgaben sind minimal. In den ritterschaftlichen Landestheilen, wo der Guts=
besitzer die Rechte der Ortsobrigkeit, der Gemeindeverwaltung besitzt, ruhen auf
ihm hauptsächlich die Lasten derselben, und wenn die Bauern dazu auch beisteuern
müssen, so wird doch von einem eigentlichen Druck der Gemeindeabgaben wohl nur
selten die Rede sein. Noch günstiger ist die Situation im Domanium[1]), wo
ja erst nach der allgemeinen Vererbpachtung und mit ihr zugleich eigentliche
Landgemeinden entstanden sind. Bis dahin wurden die communalen Angelegen=
heiten von den Domanialämtern verwaltet, und wenn unter diesem meist wohl=
wollenden, patriarchalischen, aber bureaukratischen Regiment sich die bäuerliche
Bevölkerung materiell auch ganz gut stehen mochte, so war doch, da „das
große Drittel der Bevölkerung des Landes von allem Antheil am öffentlichen
Leben ferngehalten"[2]) wurde, eine Aenderung der bestehenden Verhältnisse dringend
wünschenswerth.

Mit der Schaffung eines freien Bauernstandes ging dann die Bildung
freier Gemeinden Hand in Hand, und in der Zeit von 1869 bis 1875 sind
nicht nur mehr als 3000 Bauerhufen in Erbpachtstellen, sondern ebenso mehr
als tausend Ortschaften in selbständige Gemeinden umgewandelt worden.

Um aber diesen neuen Gemeinden die Tragung der Lasten, die bis dahin
die Grundherrschaft auf sich genommen hatte, zu erleichtern, ward ihnen, wie
oben bereits angedeutet, eine reichliche Dotation in Gemeindeländereien gewährt[3]),
die als unveräußerliches Eigenthum, in kleinen Stücken verpachtet, durch ihre
Erträge wohl in den meisten Fällen die Unkosten der Verwaltung zu decken im
Stande sind. Nur ausnahmsweise fehlte das nöthige Areal und sind dem ent=
sprechend höhere Abgaben von den Gemeindeangehörigen zu erheben.

Auch die Schullasten sind geringfügig. Die Regierung überwies den Ge=
meinden die fertigen Schulhäuser und in den Schulländereien zugleich den größten
Theil des für den Lehrer nöthigen Unterhaltes[4]); den Bauern bleibt eigentlich
nur die Pflicht, die Bestellungs= und Erntearbeiten auf diesen Amtsländereien
zu besorgen.

Für den Realcredit der Bauern ist, soweit gesetzliche und öffent=
liche Institutionen in Frage kommen, zweckentsprechend gesorgt, es ist be=
kannt, daß das mecklenburgische Hypothekenrecht eines der besten in ganz Deutsch=
land ist und wäre eine Schilderung desselben hier überflüssig.

Wir erwähnen nur kurz noch einiger mit dem Hypothekenrecht zusammen=

---

[1]) Domanial=Gemeinde=Ordnung vom 31. Juli 1865, erweitert durch die revi ·
dirte Gemeinde=Ordnung vom 29. Juni 1869.
[2]) Vergl. Böhlau a. a. O. III. S. 211.
[3]) Projectirt war ein Gemeindefeld in der Größe von 5 % der ganzen Dorf=
feldmark; doch hat man je nach Bedarf 2—10 % gegeben.
[4]) Vergl. Balck, „Landschulwesen in Mecklenburg=Schwerin." Wismar 1880.

hängenden eigenartigen Institutionen, auf die wir in der Einleitung bereits als **unantastbare Heimstätten der Bauerfamilien** hingedeutet hatten. ·Man spricht ja jetzt so viel von dem praktischen Bauernrecht der Ameri= kaner, das in seiner home stead den Bauern vor der gänzlichen Aussaugung durch den capitalistischen Wucherer schütze, weil die als Heimstätte eingetragene Farm nur wegen Hypothekenschulden belangt werden kann, und einzelnes beweg= liche Zubehör sich gleichfalls der Execution entzieht. Wir wiesen aber bereits darauf hin, daß in Mecklenburg **Bauernfideicommisse** bestehen, und daß testamentarisch **jeder Domanial=Erbpächter für eine Generation** ohne Weiteres ein Fideicommiß schaffen kann, das noch weit sicherer als die dortige Heimstätte den Bauernstand schützen müßte, weil hier die ganze Hufe mit all ihrem lebenden und todten Inventar und mit reichlichen Vorräthen der Veräußerung, folglich auch der Execution entzogen ist. Will man also derartige Institutionen zur Erhaltung unseres Bauernstandes empfehlen, so braucht man nicht aus den Staaten des fernen Westens von Amerika die Beispiele dafür heranzuholen, sondern kann sie im deutschen Vaterlande ebenso gut haben, — nur daß sie möglicherweise nicht so viel Anklang finden würden, wenn sie unter dem Titel „Mecklenburgisches Bauernrecht" und nicht als „praktisches amerika= nisches Bauernrecht" angepriesen würden.

Aber nicht nur durch Privatcontracte geschaffen, oder durch testamentarische Bestimmung zulässig, sondern auch **gesetzlich** ist durch die Hypotheken=Ordnung für die Klosterbauern ein solcher zum großen Theil der Execution entzogener bäuerlicher Besitz geschaffen worden.

In dem Normal=Erbpachtcontracte der Klosterbauern heißt es in § 15, „die Hufe mit Zubehör soll für Ansprüche an ihren Besitzer aus dessen **persönlichen Verbindlichkeiten niemals zum Gegenstand der Exe= cution gemacht werden**". Damit stand ursprünglich im Widerspruch der § 20 der Hypotheken=Ordnung vom 20. Febr. 1837[1]), welcher eine Execution wohl gegen abgetrennte Zubehörstücke der Hufe verbot, aber gestattete, „das Erbpachtgrundstück **mit seiner Zubehör** auch wegen **persönlicher** Ansprüche an den Besitzer zum Verkauf zu bringen"[2]). Dieser Widerspruch ward besei= tigt durch die noch jetzt geltende „revidirte Hypotheken=Ordnung vom 8. De= cember 1852[3]), welche (§ 22) bestimmte, daß alle Inventarienstücke, Einsaaten und Löschungsgeräthschaften von jedem executorischen Angriffe ausgeschlossen sein sollten. „Dagegen bildet das Erbpachtstück mit seinem Zubehör ein beson= deres Executionsobject, und wird sonach von einem über das sonstige Ver= mögen ausgebrochenen Concurse . . . . . nicht mit ergriffen. Wegen sämmt= licher durch das Hypothekenbuch gesicherter Forderungen dürfen die Be= rechtigten den Zwangsverkauf mittels Einleitung eines **Specialconcurses** beantragen. Für alle übrigen Gläubiger ist ein solcher Antrag **ausgeschlossen** und sind ihnen keine weiteren Rechte in Bezug auf die Erb= pachthufe und das dazu Gehörige zuständig, als die Beschlagnahme der noch

---

[1]) Hypothekenordnung für die Besitzungen der Landklöster. Raabe, Gesetzsamm= lung II. 1314.

[2]) Genau dieselbe Bestimmung befindet sich auch in der Hypothekenordnung für Wismar'sche Erbpachtstücke de dato 6. Juli 1839, § 26. Raabe, Gesetz=S. II. 1285.

[3]) Raabe, Gesetzsammlung V. 298.

nicht separirten Früchte vor Einleitung eines Specialconcurses .... sowie das Recht auf einen etwaigen Ueberschuß aus jenem Concurse."- Die Hufe ist danach wegen anderer als hypothekarischer Schulden nicht angreifbar und die Höhe der letzteren ist con=tractlich wie durch die Hypotheken=Ordnung beschränkt.

Dieselben Grundsätze finden sich noch in einer Verordnung von 1869[1]) vertreten, in der die Verschuldbarkeit geregelt wird und die Maximalgrenze auf die Summe bestimmt wird, „für welche der Erbpächter das ganze Erbpachtobject zuerst erworben hat". „Alle sonstigen, nicht zu Hypothekenbuch eingetragenen Schulden, sowie solche Leistungen und Verpflichtungen, welche durch den Erb=pachtcontract nicht auf die Erbpachthufe gelegt werden, ergreifen die letztere weder im Ganzen, noch in ihren einzelnen Theilen, und es kann wegen solcher Ansprüche unter keinen Umständen ein Execution s=verfahren auf dieselbe gerichtet werden".

Hier hat sich also, und darum möge man uns den Excurs verzeihen, unter dem Schutze der Landesklöster ein Heimstättegesetz herausgebildet, das weit mehr leistet als das praktische Recht der Amerikaner. Die Bauerhufe hat ein untrennbares Zubehör, wie man es nicht besser wünschen kann, Vieh=, Feld= und Hauswirthschafts=Inventarium, Stroh, Heu, Dünger, die Früchte auf dem Felde, Meliorationen, Alles gehört untrennbar zur Bauerstelle. Diese darf nur bis zu bestimmter, sehr niedrig bemessener Werthhöhe hypothekarisch belastet werden und ist von anderen Gläubigern niemals durch Execution zu erreichen. Mehr können doch wohl selbst die enragirtesten „Bauernfreunde" nicht fordern. Daß darum aber die Landwirthschaft hier unter dem Schutze des Krummstabes eine besonders beneidenswerthe Existenz führe, ist uns nicht bekannt geworden.

Fragen wir weiter, wie die Bauern ihr Creditbedürfniß decken, so ergiebt sich zunächst für die Kloster= und ritterschaftlichen Bauern, daß hier im Allgemeinen von einer Benutzung des Credites wenig die Rede sein kann. Denn die alten Bauern, die noch kein dingliches Recht am Boden erworben haben, deren Inventar, Saaten und Gebäude dem Gutsherrn gehören, können natürlich auf Realcredit keinen Anspruch machen und werden auch nur selten per=sönlichen Credit genießen und gebrauchen. Für die Erbpächter ist in den meisten Fällen die Verschuldbarkeit beschränkt, und die bis zu dieser Höhe ausgegebenen Hypothekenscheine werden selbstverständlich, weil absolut sicher, von Jedermann gern genommen und sind wohl stets zu niedrigen Zinsen (c. 4 %) unter=zubringen.

Anders bei den Domanialbauern. Ihre Hufen sind frei veräußer=liches und verschuldbares Nutzeigenthum, sie können leicht von Hand zu Hand gehen und haben bereits in der kurzen Zeit seit der allgemeinen Vererbpachtung theilweise ziemlich häufig den Besitzer gewechselt. Bei ihnen tritt daher das Bedürfniß nach leichter Befriedigung des verlangten Credites sehr viel intensiver hervor, und Klagen, daß dem Erbpächter nicht in dem gewünschtem Maße fremdes Capital zur Verfügung stehe, hört man nicht selten. Wir glauben

---

[1]) Verordnung betr. die Revision der zu einem Theile der Erbpachtcontracte der klösterlichen Bauern ertheilten Additionalacten v. 30. I. 1869. Reg.=Bl. 12.

aber, daß diese Klagen zum größten Theil unbegründet sind und von solchen Wirthen herrühren, die bereits mehr als genug den Realcredit ausgenutzt haben. Allen Denjenigen, die wirklich creditwürdig sind, steht unseres Erachtens bis zu der wirthschaftlich zulässigen Höhe Capital in genügender Menge zu billigem Zinsfuß zu Gebote. Vor allem ist hier ein Institut zu erwähnen, das von der Regierung ins Leben gerufen, sehr segensreich gewirkt hat, und bei allgemeinerer Benutzung immer vortheilhafter wirken kann, der sog. Do= manial=Capitalfonds.

Diesem Fonds sind bestimmungsmäßig all diejenigen Gelder zugewiesen, die bei der allgemeinen Vererbpachtung der Domanialbauerhufen oder aus sonstigen Ablösungen in die landesherrlichen Cassen geflossen sind; und nach der Bestimmung des Landesherrn sollen diese Summen wiederum den Erbpächtern im Domanium unter billigen Bedingungen leihweise zur Disposition gestellt werden.

Wir erinnern zuvor nochmals daran, daß für die neuen Erbpächter der Canon mit 25 capitalisirt an die erste Stelle im Hypothekenbuche Seitens der Grundherrschaft unkündbar eingetragen wird. An die dritte Stelle werden sodann alle Erbstandsgelder und Kaufgelder für Saaten, Inventarien und Ge= bäude, so weit solche gezahlt wurden, gleichfalls unkündbar, mit 4 % verzinslich und mit 1 % zu amortisiren, eingetragen. Zwischen diesen beiden Capital= posten hat nun die Regierung den Erbpächtern, um ihnen billigen Credit zu ver= schaffen, die hypothekarische Eintragung eines Capitals in Höhe des halben Canoncapitals freigelassen, indem sie selbst an die dritte Stelle mit einem Theil ihrer Forderungen trat.

Der Domanialcapitalfonds giebt nun, soweit die Fonds reichen, jedem Erb= pächter, dessen Canon capitalisirt ist, bis zur Höhe des nochmaligen Canon= capitals unkündbare Darlehen, für welche 4 % Zinsen, $1/2$ % zur Amortisation und außerdem $1/2$ % für Verwaltungskosten und Verluste, im Ganzen 5 % gezahlt werden[1]. Aelteren Erbpächtern mit nichtcapitalisirtem Roggencanon stehen die Fonds unter gleichen Bedingungen zur Verfügung, doch muß zuvor der Canon in Capital umgesetzt werden, und wenn die bisherigen Hypothekengläubiger nicht hinter das Canoncapital zurücktreten wollen, so wird jenen Erbpächtern letzteres zur Auszahlung der Gläubiger gleichfalls geliehen. Die Beleihungsgrenze wird für diese Erbpächter in der Weise ermittelt, daß man nicht einfach den factischen Canon, sondern den Canon grundläglich macht, den der Erbpächter nach den Grundsätzen der allgemeinen Vererbpachtung zu zahlen hätte[2].

Die Formalitäten bei der Beleihung sind sehr einfach, mühe= und kosten= los. Wenn trotzdem dieses Institut nicht ausgiebiger benutzt wird, — es sind nur etwa 800 Erbpächter, welche Darlehen von dort genommen haben, — so liegt das wohl hauptsächlich daran, daß bis zu jener Höhe Privatcredit zu billigeren Zinsen, meist zu 4—4$1/2$ % zu erhalten ist. Da uns aber ver=

---

[1] Circular der Commission für den Domanialcapitalfonds vom 19. Decbr. 1871.
[2] Nach mündlichen Angaben des Herrn Revisionsrath Balck. Hat der Erbpächter z. B. 6000 Thaler Canoncapital, nach den neueren Anschlägen würde er aber 8000 haben aufnehmen müssen, so werden ihm nicht 6 sondern 10000 Thaler bargeliehen.

ſtändige Erbpächter übereinſtimmend verſichert haben, daß die Beleihungen des Domanialcapitalfonds recht oft bis hart an die Grenze herangehen, wo die Sicherheit des Realcredits aufhöre, ſo kann man wohl im Allgemeinen annehmen, daß für das berechtigte Creditbedürfniß vollſtändig geſorgt iſt. Daß darüber hinaus es Manchem ſchwer ſein wird Credit zu be= kommen, iſt faſt ſelbſtverſtändlich; denn wo nicht mehr der unvergängliche Werth der Hufe allein, ſondern dazu noch die perſönliche Tüchtigkeit des Wirthes zur Sicherung des Credits in Frage kommt, da kann naturgemäß nur derjenige Capital mit Sicherheit hingeben, der ſelbſt die Verhältniſſe kennt und Vertrauen zu dem Beſitzer hegt.

Im Großen und Ganzen wird auch nicht allzu oft ein ſo weit gehender Credit in Anſpruch genommen werden; denn wenn auch unbedenklich zugeſtanden werden muß, daß heute unſer Bauernſtand ſehr viel höher ver= ſchuldet iſt, als er vor etwa 20 Jahren geweſen, ſo hat die Ver= ſchuldung doch wohl nur ausnahmsweiſe eine bedenkliche Höhe er= reicht, und vor Allem iſt dieſe wachſende Verſchuldung bedingt durch die groß= artige Umgeſtaltung unſerer bäuerlichen Verhältniſſe. — Nicht daß die allgemeine Vererbpachtung, wie man vor ihrer Durchführung ſo oft prophezeit hat, unſere Bauern ruinirt und in unerhörte Schuldenlaſt geſtürzt hätte; im Gegentheil, wir glauben, daß dieſe Maßregel, abgeſehen von vereinzelten Fällen, durchaus ſegensreich gewirkt hat, und wir werden weiter unten noch darauf zurück= kommen. Aber durch die Vererbpachtung ſind die meiſten Domanialbauern erſt zur Benutzung des Realcredits befähigt, und die Uebernahme ihrer Wirthſchaften zu dauerndem Nutzeigenthum hat nicht unbedeutende Capitalien er= fordert, die aber nicht ausſchließlich als eine Zunahme der Ver= ſchuldung zu betrachten ſind.

So ſind auf die bis zum Jahre 1881 neu vererbpachteten 3688 Stellen Canoncapitalien im Betrage von

46 596 530,48 Mark,

alſo durchſchnittlich 12 635 Mark pro Hufe aufgelegt worden [1]). Davon ſind, zum Theil in Folge von Subhaſtationen, baar ausgezahlt:

1 738 850,29 Mark,

ſo daß für die großherzogliche Kammer Ende 1881

44 857 680,19 Mark

zu Hypothekenbuch eingetragen waren.

Dieſes Canoncapital kann aber Niemand als eine Zunahme der Verſchuldung betrachten, da die Zinſen deſſelben auch früher vom Bauern= ſtande aufgebracht werden mußten, nur nicht als Canon, ſondern unter dem Namen einer jährlichen Pacht. Anders iſt es mit den Erbſtandsgeldern, den Kaufpreiſen für die Gebäude, Saaten und Inventarien. Bis Ende 1881 waren dafür von 3688 Stellen zu zahlen

15 669 743,94 Mark,

alſo pro Gehöft durchſchnittlich ca. 4220 Mark. Davon ſind baar ausgezahlt

---

[1]) Dieſe und die folgenden Zahlen ſind den Acten des Domanialcapitalfonds entnommen, deren Benutzung uns gütigſt geſtattet worden.

bei der Tradition   1 050 143,94 Mark,
als Capitalabträge   1 674 400,00   „
dazu kommen   1 370 480,04   „
welche durch die 1procentige Amortisation angesammelt sind.

Im Ganzen hat sich also die Schuld der Erbpächter aus diesem Titel bereits um

4 095 024,08 Mark

abgemindert.

Von den 3688 neu in Erbpacht gegebenen Stellen hatten gar keine Zah= lungen zu leisten, — weil sie bereits früher die Hofwehr käuflich erworben hatten und Erbstandsgelder c. von ihnen nicht erhoben wurden — 43 Stellen.

Die ganze Schuld wurde bezahlt sofort für 235   „
nachträglich für . . 503   „
und erlassen für . . 1   „

Es bleiben also verschuldet 2906 Stellen, und 782 = ca. 21 % haben diesen Theil der Schuld abgetragen.

Rechnet man die oben genannten Auszahlungen von Canoncapital mit den getilgten Erbstandsgeldern c. zusammen, so hat sich bis 1881 die Schuld der Erbpächter an die Regierung bereits um

rund 5 834 000 Mark

vermindert, während der Domanialcapitalfonds an bäuerliche Erbpächter im Ganzen circa 3 Millionen Mark ausgeliehen hat. Wenn man nun annehmen dürfte, was uns mehrfach versichert worden, daß der Privatcredit nicht viel in Anspruch genommen sei, so würde aus obigen Zahlen bereits wieder eine beträchtliche Abnahme der Verschuldung der neuen Erb= pächter resultiren.

So rosig wird die Sachlage aber wohl nicht angesehen werden können; denn es würde auf große Wohlhabenheit der Bauern vor der Ver= erbpachtung schließen lassen, wenn sie den Uebergang in die neuen Verhält= nisse ohne Inanspruchnahme von Credit hätten bewirken können.

Hatte der Bauer bis dahin, weil er nur geringe Abgaben zahlen mußte, bequem und ohne großen Aufwand von Intelligenz und Arbeitskraft seine Hufe bewirthschaften können, und hatte andererseits die Furcht vor Pachterhöhungen ihn in diesem Schlendrian bestärkt, so forderte die Neuzeit mit ihren erhöhten Leistungen und Abgaben eine wesentlich andere Wirthschaftsweise, forderte den Uebergang zu rationellerer Cultur, die Ausführung von Meliorationen, bessere Viehhaltung und damit im Zusammenhange größere und bessere Gebäude als früher, und das Alles kostete natürlich, bei Manchem vieles Geld. Ob aber die Bauern unter den alten Verhältnissen so viel erworben hatten, daß sie das jetzt nothwendige größere Betriebscapital aus eigenen Mitteln ent= nehmen konnten, darüber gehen die Urtheile weit auseinander. Während ein ungenannter „Patriot" im Jahre 1867 [1] behauptete, ihm seien die Verhältnisse der Bauern sehr gut bekannt, man würde sich wundern über die Größe der mobil werdenden Capitalien, „die jetzt theils unsicher belegt, theils zinselos in

---

[1] „Einige Zustände und Institutionen im Großherzogthum Mecklenburg= Schwerin". Von einem Patrioten. Rostock 1867, S. 12 ff.

den Truhen oder unter den Schwellen lahm gelegt sind", behaupteten anderer=
seits die Bauern in ihren Petitionen an den Großherzog, daß ihre Lage
zumeist eine recht ärmliche sei [1]. Beides ist wohl übertrieben, aber gewiß sind
zahlreiche Bauern durch die erhöhten Leistungen und die größeren Wirthschafts=
kosten zeitweilig ziemlich hart betroffen und haben zu fremdem
Capital ihre Zuflucht nehmen müssen, um sich emporzuarbeiten.

Diejenigen aber, die sich nicht in die neue Lage der Dinge zu finden
wußten, die zu indolent oder nicht im Stande waren, von der alten Wirth=
schaftsweise zu lassen, die klagen allerdings noch heute über die ihnen auf=
gezwungene Veränderung und Mancher von ihnen häuft Schuld auf Schuld, weil
er Anfangs um der Noth zu wehren von dem ungewohnten Mittel des Credites
Gebrauch gemacht hatte, und nun die stetig wachsenden Lasten nicht tragen kann.
Andere wieder überschätzten die Gunst ihrer unabhängigen Stellung, fühlten sich
als freie Bauern, die nicht mehr nöthig hatten, sich tief vor dem Domanial=
beamten zu bücken, recht kläglich zu thun und ängstlich ihr erworbenes Capitälchen
zu verstecken, sie fingen an zu bauen, nicht blos die nothwendigen Erweiterungen
an Scheunen und Ställen, sondern auch die unproductiven Bauten bequemerer,
wenigstens eleganterer Wohnhäuser, und Mancher hat sich in Schulden hinein=
gebaut, unter deren Last er jetzt nach einer Reihe schlechter Ernten vernehm=
lich seufzt.

Sodann hat die Möglichkeit, die bisher unverkäuflichen Stellen erwerben
zu können, nicht selten intelligentere Landwirthe zum Kauf von größeren Bauern=
stellen veranlaßt. Leute, die sonst als Inspectoren oder Verwalter ihr Leben
verbrachten, kauften zum Theil für hohen Preis Bauerngüter, ohne daß ihnen
das entsprechende Vermögen zur Seite stand, die Wirthschaft ihren Intentionen
entsprechend umzuwandeln, und auch aus den Kreisen dieser Leute, die noch
weniger als die Bauern selbst, eine bäuerliche Lebensweise führen können
und wollen, sind uns öfters Klagen entgegengetreten, die um so berechtigter
scheinen könnten, als hier strebsame, tüchtige Leute den Kampf auf=
genommen haben und nur unter Sorgen und Noth durchführen können.

Allein das Alles sind unseres Erachtens nur Ausnahmen, die nicht
gegen die Regel beweisen. Daß unsere Bauern nicht glänzend situirt
sind, daß sie nur selten mit großem Vermögen aufwarten können, ist sicher; die
oben citirte Schrift der Bauern bezeugt aber aus deren eigenem Munde, daß
auch vor der Vererbpachtung der Bauernstand keinen golbenen Boden
unter den Füßen hatte, sondern in „ärmlicher" Lage sein Dasein fristete. Klagen
werden auch heute laut, aber welcher Stand in der Volkswirthschaft wäre wohl
zufrieden? wer klagte nicht? und vor Allem, wann wird die Zeit kommen, daß
die Landwirthe nicht klagten? Sieht man davon ab, so wird man mit Fug
und Recht behaupten können, daß unser mecklenburgischer Bauernstand als

---

[1] „Ueber die beabsichtigte allgemeine Vererbpachtung." Als Manuscript ge=
druckt. Rostock 1869, S. 31 heißt es, der weitaus größeren Mehrzahl der Haus=
wirthe fehle es an Mitteln. „Mögen immerhin manche im Besitze von guten Hufen
sich befindende Bauerfamilien einiges Vermögen erworben haben, so leben doch
die Familien mit schlechteren Hufen durchweg in ärmlichen Verhältnissen" ꝛc.,
weil nach Abfindung seiner Geschwister „der Gehöftsnachfolger meistens ohne ander=
weitige Mittel seine Wirthschaft beginnen muß."

solcher in einer gedeihlichen Entwicklung begriffen ist, in einer Entwicklung, deren weiterer Verlauf aber zum größten Theil von seinem eigenen Fleiße, von seinem eigenen Streben abhängig ist, und der Mangel an beidem ist oft die Hauptursache der vorhandenen Noth. — Diesen Fleiß, dieses Vorwärtsstreben angeregt zu haben, ist unseres Erachtens eine der größten Errungenschaften der allgemeinen Vererbpachtung. „So wie früher geht es nicht weiter", das sehen die meisten Erbpächter recht wohl ein, darum strengen sie ihre Kräfte an, um die höheren Leistungen erfüllen und um gleichzeitig den gesteigerten Ansprüchen ans Leben Genüge leisten zu können. Die dicken „gemästeten" Bauern, wie uns ein zuverlässiger Kenner der Verhältnisse schreibt, die früher kaum mit ihrer eben so gut genährten „schöneren" Hälfte zugleich auf dem Wagensitze Platz hatten, sind seitdem zumeist verschwunden, und Mancher, der damals auf der Ofenbank den größten Theil des Jahres verbrachte, greift jetzt seit Jahren selber zum Pfluge und arbeitet mit seinen Leuten um die Wette, hört und sieht was um ihn herum vorgeht, ahmt nach, was andere erprobt haben, kurz an die Stelle des früheren mißtrauischen, oft trägen und für das Allgemeine kaum interessirten Bauernstandes ist immer mehr ein intelligenter, strebsamer, für das Wohl der Gemeinde sorgender Erbpächterstand getreten, der freilich noch lange nicht auf der Höhe steht, die man wünschen muß, der aber doch in der kurzen Zeit, die ihm bisher vergönnt war, sehr Vieles gelernt und geleistet hat.

Mögen dann die Lasten im einzelnen Falle auch oft recht drückend empfunden werden, wir glauben doch, daß es wenige tüchtige Landwirthe geben wird, welche die alten Zustände zurückwünschen, und frägt man gar, wie es in den Zeiten vor 40 und 50 Jahren gewesen, so zeigt sich erst recht, wie wenig die sog. gute alte Zeit auf diesen Namen Anspruch erheben darf. Wie Märchen aus weiter Ferne klingen die Schilderungen jener Zeiten zu uns herüber, und es ist dem Kenner jetziger Bauernverhältnisse oft schwerer, sich in diese verhältnißmäßig nahe liegende Zeit hineinzudenken, als sich ein Bild von der Stellung und dem Leben der Bauern im Mittelalter zu machen. Mit Hohn und Spott wurden diejenigen überschüttet, die sich des Bauern anzunehmen wagten, und mit unendlicher Verachtung blickten die Gegner auf den Bauernstand herab, der eines menschenwürdigen Daseins kaum für fähig gehalten ward, der sogar im Domanium der Willkür der Beamten preisgegeben, oft tagelang zu weiten Fuhren und Spanndiensten gezwungen, schließlich so stumpfsinnig und mißtrauisch geworden war, daß er sich selbst gegen wohlthätige Neuerungen mit Hand und Fuß sträubte.

Wie anders heute! Heute ist der Bauernstand — wenigstens im Domanium — zu dem geworden, und wird es immer mehr, was er seinem Beruf nach sein soll, der solide, kräftige, ländliche Mittelstand, der das Rückgrat des Staates bildet, ihn in Zeiten der Noth zu stützen und zu erhalten vermag, heute wird dem Bauern auch immer mehr die bürgerliche Stellung eingeräumt und zugestanden, die er durch wachsende Intelligenz, durch gesteigerten Fleiß sich verdient; — obwohl auch jetzt noch die Zahl derer nicht gering ist, von denen man behauptet, daß der Mensch für sie erst beim Rittergutsbesitzer anfange.

Nach alle dem darf man wohl behaupten, daß die allgemeine Vererbpachtung, so wie sie durchgeführt worden ist, wirklich segensreich gewirkt

und das erreicht hat, was der hochselige Großherzog in seiner Verordnung vom
16. Nov. 1867 als das Ziel der Maßregel hingestellt hat, **die Schaffung
eines unabhängigen Bauernstandes**, dem durch die gewährten Be=
dingungen eine ausreichliche Existenz gesichert ist.

Daß dem so ist, ließe sich unseres Erachtens mit ziemlicher Sicherheit aus
den Acten der Großherzoglichen Kammer ziffermäßig beweisen, doch war es uns
leider nicht möglich, das umfangreiche Material, dessen Benutzung uns vom
hohen Großherzoglichen Ministerium gestattet worden, bereits für diesen Bericht
zu verarbeiten, wir führen daher nur einige allgemeine Zahlen an, die zur
Unterstützung des oben Gesagten dienen können.

Wir wiesen darauf hin, daß der Domanial=Capitalfonds das hauptsächlichste
Realcredit=Institut sei. Ihm steht nur dann ein Kündigungsrecht zu, wenn
die Schuldner mit ihren Zahlungen im Rückstand bleiben. Von diesem Recht
ist aber **nur äußerst selten** Gebrauch gemacht, nur ein= bis zweimal in
jedem Termin sind Androhungen wegen rückständiger Zinsen noth=
wendig, eigentliche Kündigungen sind aber nur in ganz seltenen Ausnahmefällen
nothwendig geworden, und positive Verluste hat der Capitalfonds
an bäuerlichen Erbpachtstellen noch nicht gehabt, so daß, wie uns
versichert worden, die Absicht bestünde das halbe Procent, das für die Ver=
waltung und Verluste erhoben wird, abzumindern. Daß aber hier die Erb=
pächter zu pünctlicher Zinszahlung im Stande sind, ist gewiß ein
gutes Zeichen.

Ebenso günstig ist die Zahl der nothwendigen Subhastationen.
Es haben im Ganzen erst etwa 30 neue Erbpächter durch Concurs
ihre Stellen verloren, und das sind meistens Leute, die auch unter
anderen Verhältnissen umgeworfen hätten.

Endlich ist die Zahl der freiwilligen Verkäufe von neu er=
richteten Erbpachtstellen verhältnißmäßig klein. Auf die Ge=
sammtzahl von rund 3700 Bauerstellen, die seit 1869 in veräußerungsfähigen
Besitz verwandelt sind, kommen nur etwa 300 freiwillige Veräuße=
rungen an Fremde, d. h. also jährlich durchschnittlich 20 Verkaufsfälle oder
etwas über ein halb Procent. Das Verhältniß wird noch günstiger
dadurch, daß bei Weitem nicht 300 verschiedene Stellen im Handel
waren, sondern eine Anzahl derselben mehrfach, bis zu einem halben Dutzend
Male, während jener 15 Jahre schnell hinter einander verkauft wurden. Der
Besitzwechsel durch Veräußerung aus der Familie heraus ist also nach den
obigen Zahlen gewiß kein großer, und doch würde man zahlreiche
Verkäufe vermuthen müssen, wenn die Vererbpachtungsbe=
dingungen so drückend gewesen wären, daß die bisherigen Besitzer
nicht dabei bestehen könnten. Das Recht zur Veräußerung stand ihnen ja frei,
und an Käufern, die hohe Preise zu zahlen bereit waren, scheint es eine lange
Zeit nicht gefehlt zu haben; denn eine Anzahl rühriger Agenten zog namentlich
aus der Magdeburger Gegend zahlungsfähige Käufer ins Land, die gern bereit
waren, die ihrer Meinung nach billigen Bauerstellen zu erwerben. Viele davon
sind schnell wieder von der Bildfläche verschwunden, andere dagegen haben sich
in die Verhältnisse hineingelebt und sind durch ihre den Nachbarn oft zum Muster

dienende rationelle Cultur schnell zu leiblichem Wohlstand gekommen, obwohl sie ihre Hufen nach allgemeiner Annahme unverhältnißmäßig hoch bezahlt haben.

Vergleicht man ferner die für die einzelnen Hufen gezahlten Kauf= preise, so liefern diese erst recht den Beweis, daß der Erwerbspreis für die große Mehrzahl der Bauerstellen kein übertrieben hoher gewesen sein kann, sondern den Erbpächtern ihr altes, immerhin doch nur unsicheres Anrecht am Grund und Boden hoch genug in Anschlag gebracht ist; denn die Kauf= preise haben oft kurz nach der Uebernahme durch den Besitzer schon das Doppelte von dem betragen, was er selbst gezahlt, und nicht selten ist nachher das Drei= und Vierfache dafür gezahlt worden.

All das spricht wohl deutlich genug für unsere obige Ansicht. Wir wollen aber nicht unerwähnt lassen, daß sich in den Kreisen der Erbpächter bis in die neueste Zeit hinein eine Agitation gegen die Vererbpachtung er= halten hat, die noch im Jahre 1879 zu Petitionen Unterschriften sammelte, weil „der großen Mehrzahl der zwangsweise auf Erbpacht gegangenen Doma= nialbauern zu harte Bedingungen auferlegt seien", so daß ihr Untergang unver= meidlich sei, falls ihnen keine Erleichterungen zu Theil würden. Daß in einzelnen, vielleicht nicht ganz seltenen Fällen die Lasten zu hoch bemessen sind, weil fehler= hafte Bonitirungen die jährliche Pacht zu hoch angesetzt haben, ist nicht zu leugnen und Unrecht ist es vielleicht, daß in solchen Fällen durch Nachbonitirung nicht Remedur geschaffen; aber die oben angeführten Thatsachen beweisen doch, daß diese Fälle, wie wir früher schon betonten, wohl zu den Ausnahmen gehören; daß die Agitation aber jetzt trotz schlechter Ernten und niedriger Preise verstummt zu sein scheint, beweist wohl, daß die Zahl der Unzufriedenen im Abnehmen begriffen ist.

Weniger günstig scheint uns die Lage der heutigen Besitzer vieler älterer Erbpachthufen zu sein, wenigstens ist die Zahl der Concurse hier, wie es scheint bedeutender. Die Ursache der Noth liegt aber zumeist darin begründet, daß diese, ursprünglich billig vererbpachteten Stellen, nun in andere Hände übergegangen sind, und die zeitigen Inhaber sie für hohen Preis erworben haben. Selbst bei Erbschaften soll es nicht selten vorkommen, daß der Vater testamentarisch dem Anerben das Gut übermäßig hoch anrechnet, um die übrigen Geschwister nicht zu schlecht zu stellen. Dagegen ist natürlich kein Kraut gewachsen, und kann auch unsere Gesetzgebung nicht schützen, die ja alles gethan hat, um die Bauergüter als solche zu erhalten, und die den bäuerlichen Besitz, womöglich den Familienbesitz doch nicht unter allen Umständen sichern kann.

5. Wirthschaftsweise, Auswanderung, Lebenshaltung. Schluß.

Schließlich wollen wir noch, im Anschluß an die vom Verein gestellten Fragen, einen kurzen Blick auf die Wirthschaftsweise und die Lebenshaltung des Bauernstandes werfen.

Wohl überall, wo ein unabhängiger Bauernstand in Mecklenburg sich gebildet hat, sind dessen Grundstücke zu gut arrondirten, für eine zweckmäßige Bestellung geeigneten Feldern zusammen gelegt. Im Domanium stand der Grundherrschaft das Recht zu, bei jeder Neuregu=

lirung der Feldmarken auf entsprechende Zusammenlegungen Rücksicht zu nehmen, und die dortigen Bauerhufen sind d u r c h w e g w o h l a r r o n d i r t und nach Möglichkeit mit entsprechenden Wiesen und Weiden ausgestattet. V o n e i n e r s c h ä d l i c h e n G e m e n g e l a g e kann hier a l s o n i c h t d i e R e d e s e i n.

Dasselbe gilt wohl von denjenigen ritterschaftlichen Bauerstellen, die zu festen Besitzesrechten vergeben sind, doch scheint hier noch ab und zu C o m m u n i o n = w i r t h s c h a f t zu bestehen. Letztere ist jedenfalls noch in größerem Umfange bei den Zeitpachtbauern in der Ritterschaft vorhanden; denn die oben besprochene Verordnung vom 13. Januar 1862 betr. „die Regulirung der bäuerlichen Ver= hältnisse 2c." hält es noch für nothwendig, „zur Beförderung einer für die Bauern vorzugsweise vortheilhaften und für die Gutsherrschaft in der Regel unnachtheiligen Aufhebung solcher Communionwirthschaft" beiden Theilen das Recht zu geben, einen landesherrlichen Commissarius zu erbitten. Anträge derart sollen aber n u r w e n i g e an die Regierung gelangt sein und in noch selteneren Fällen zu gedeihlichem Ausgang der Verhandlungen geführt haben, — weil in den schlechteren Sandgegenden die Communion=Weidewirthschaft vielfach noch am ehesten im Stande ist, die schlecht situirten Bauern zu erhalten.

Auf den s t ä d t i s c h e n F e l d m a r k e n i s t G e m e n g l a g e m i t G e m e i n d e = w e i d e n w o h l n o c h d i e R e g e l. Erst im Jahre 1873[1] kam ein Gesetz zu Stande „zur Aufhülfe des städtischen Ackerbauwesens mittelst Separation der städtischen Feldmarken", welches die „Hindernisse beseitigen sollte, welche die vermengte unzweckmäßige Lage und verschiedenen Belastungen der städtischen Län= dereien einer erhöhten Landescultur entgegen stellen."

Da aber Magistrat und Bürgerrepräsentanten zuerst beschließen, dann die betheiligten Grundbesitzer sich dafür erklären müssen, so ist es bisher unseres Wissens fast ausnahmslos bei der alten Lage der Dinge geblieben.

Was nun die B e w i r t h s c h a f t u n g d e s B o d e n s anlangt, so ist die= selbe, so weit sich über ein ganzes Land ein allgemeines Urtheil abgeben läßt, weder bei den Bauern, noch bei den größeren Wirthschaften durchschnittlich so hoch entwickelt, wie man es wünschen könnte und rechtfertigt im Durchschnitt keineswegs die auch im eigenen Lande weit verbreitete Ansicht von der Vorzüg= lichkeit Mecklenburgischer Landwirthschaft.

Damit soll natürlich nicht gesagt sein, daß es nicht große Landstriche in unserem gesegneten Ländchen giebt, in denen rationelle Cultur, sorgsame Behand= lung des Bodens, hochentwickelte Viehzucht die Regel bilden; aber im Großen und Ganzen wird man doch behaupten können, daß weder die großen noch die kleinen Besitzer in ihrer Wirthschaftsweise den Anforderungen der Zeit ent= sprechend fortgeschritten sind.

Bei den kleineren Besitzern ist das erklärlich, wenn man bedenkt, daß den meisten von ihnen erst seit kurzer Zeit volle Freiheit der Bewegung gegeben worden ist. Bei den Großgrundbesitzern, wie bei den großen Domainenpächtern liegt der Grund wohl hauptsächlich darin, daß der viel gerühmte Reichthum der Mecklenburgischen Grundbesitzer leider in das Reich der Fabel gehört, wenigstens lange nicht in der Allgemeinheit vorhanden ist, die man oft außerhalb des Landes voraussetzt. Auf die glänzenden Zeiten der fünfziger Jahre mit ihren reichen

---

[1] Verordnung vom 15. Januar 1873. Reg.-Bl. Nr. 3.

Ernten, mit dem lebhaften Getreideexport nach England und den dadurch bedingten hohen Kornpreisen, mit ihrer hohen Rentabilität der hier besonders ge-
pflegten Schäfereien, — sind weniger ergiebige Jahre gefolgt, die Ernten waren
geringer, die Preise fingen an zu weichen, die australischen Wollen vernichteten
die Rentabilität der großen Schäfereien. Diejenigen, die in den guten Zeiten
schnell große Vermögen erworben, zogen sich von der Wirthschaft zurück, als die
Zeiten schlechter wurden, Kauf- und Pachtpreise aber blieben hoch, bei der allgemein gehegten Hoffnung, daß im natürlichen Wechsel der Dinge die fetten
Jahre bald den mageren folgen würden. Aber die Hoffnungen waren trügerische,
jene ausnahmsweise günstige Constellation kam nicht wieder, durch Mangel an
Arbeitskräften und Steigerung der Löhne ward die Bewirthschaftung immer kost-
spieliger und auf der andern Seite blieben die damals schnell in die Höhe ge-
triebenen Lebensansprüche bei Bestand und erschwerten ein Ansammeln
von Capital, wie es für Verbesserung der Wirthschaft jetzt vielen hiesigen Land-
wirthen recht Noth thäte.

Das mag z. Th. der Grund sein, weshalb gegenwärtig so wenig Wohlstand unter den Großgrundbesitzern und Pächtern weiter Landstriche zu finden
ist, und warum viele von ihnen nicht im Stande sind, die längst als vortheil-
haft erkannten Meliorationen vorzunehmen, sondern bei der alten Wirthschaftsweise verbleiben.

Daher herrscht noch in weiten Theilen des Landes die alte Sieben- oder
Achtfelderwirthschaft, auf Körnerbau basirt, aber mit großen Weideflächen und
Brachhaltung, darum finden wir noch so viele begeisterte Anhänger und Ver-
theidiger des alten wendischen „Haken", so wenig Hackfruchtbau, so wenig Anwendung künstlicher Dünge- und Futtermittel.

Bei Siebenfelderwirthschaft beginnt die Rotation gewöhnlich mit reiner
Winterbrache, die mit Stallmist gedüngt während des Sommers zur Aufnahme
von Weizen oder Roggen vorbereitet wird. Auf Roggen oder Weizen folgt
Hafer resp. Gerste, dann mit halber Düngung Hafer, Mengkorn, Erbsen und
das wenige, was an Hackfrüchten gebaut wird, im fünften Schlage wird Winterkorn gebaut und darunter Klee und Grassamen angesäet. Dieser, in abtragen-
dem Schlage gebaute Klee wird meist nur einmal gemäht, dann, oft wegen Mangel
an Weide, dem Kuhhirten zum Abhüten überlassen und dient auch im letzten Jahre
Kühen und Schafen zur Weide, bis dann die Bracharbeit beginnt, die allerdings
ein schweres Stück Arbeit ist, da Alles, was im Winterkorn und den Weide-
schlägen, in dem 3 Jahre lang nicht bearbeiteten Boden, an Quecken und Un-
kraut gewachsen ist, nun durch wiederholtes Umhacken und Abeggen wieder zer-
stört werden soll. Wo Oelfruchtbau betrieben wird, bleibt die Fruchtfolge dieselbe, nur daß nach der Brache als achter Schlag die Raps- oder Rübsenfelder
eingeschaltet werden.

Diese Wirthschaftsweise, die beispielsweise noch jetzt für die Domänengüter
vorgeschrieben [1]), und auf den meisten größeren Gütern in Uebung ist, wird
von den bäuerlichen Besitzern gleichfalls angewendet; auch sie haben ihre

---

[1]) Das Kammercircular vom 27. Februar 1873 betr. „Die Bewirthschaftung
der Zeitpachthöfe", hält an der reinen Winterbrache fest und schreibt nach dem System
der Sieben- oder Achtfelderwirthschaft genau die Fruchtfolgen vor.

„sieben Felder mit 4 Saaten", haben zumeist Weidewirthschaft und Brache bei=
behalten und lassen nicht ab von dem alten Hafen, mit dem ein tieferes Lockern
der Ackerkrume beinahe unmöglich ist. Zur Sommerstallfütterung mit ihrer grö=
ßeren Düngerproduction und gleichmäßigeren Haltung des Viehes sind nur wenige
übergegangen, obwohl bei dem geringeren Viehstapel der Bauern das Weiden
ja doppelt schwierig ist; selbst die Kleinbauern, die Büdner, ernähren ihre 2 oder
3 Kühe auf der Weide, indem sie durch das sog. „Tüdern" d. h. durch An=
koppeln an weiter zu schlagende Flöcke den Hirten ersparen.

Erst in den letzten Jahren bringt die Einführung des Zuckerrüben=
baues in vielen Districten des Landes einen tiefgreifenden Umschwung in der
Bewirthschaftung hervor. Während man lange gezweifelt hatte, ob das Meck=
lenburger Klima zur Production zuckerreicher Rüben geeignet sei, haben endlich
die wiederholten Anbauversuche, sowie die in Bezug auf die Fabrikationsresultate
glänzenden Erfolge [1]) der einen bereits seit längeren Jahren bestehenden Zucker=
fabrik die Zweifel beseitigt und jetzt regt sich aller Orten die Agitation zur Be=
gründung von Fabriken. Drei neue große Etablissements sind in den letzten
beiden Jahren bereits erbaut und haben günstige Resultate aufzuweisen, und an
zahlreichen anderen Punkten des Landes werden Verhandlungen geführt, von denen
hoffentlich noch manche zu einem günstigen Abschluß führen werden, zumal da
durch den jetzt begonnenen großartigen Ausbau des Secundärbahnnetzes die Ver=
kehrswege bedeutend verbessert werden.

Die Mecklenburgischen Landwirthe zeigen sich fast überall geneigt, der Cultur
der Zuckerrüben sich zuzuwenden, weil sie einsehen, daß bei der bisherigen Wirthschaftsweise, mit überwiegendem Körnerbau, unter dem Druck der Concurrenz
des Auslandes ein Emporkommen unendlich erschwert ist, und durch die niedrigen
Kornpreise ihnen nicht die Mittel zufließen, um zu intensiverer Cultur des Bo=
dens übergehen zu können. Aus dem Rübenbau hofft man mit Recht die Mittel
zu gewinnen, um die Brachhaltung abschaffen, Tiefcultur und Stallfütterung ein=
führen zu können. Hoffentlich geht dieser Umschwung schnell und zum Segen
des Landes ohne Rückschläge von Statten.

Lange Zeit hat man aber solchen Uebergang zu allgemeinerem Hackfruchtbau
für unmöglich gehalten, weil es an Arbeitskräften auf dem Lande fehle, um die
vermehrte Handarbeit leisten zu können; denn Mecklenburg gehört ja trotz seines
überwiegend fruchtbaren Bodens [2]) zu den dünnbevölkertsten Ländern Deutsch=

---

[1]) Die Zuckerfabrik Dahmen hat nach der Reichsstatistik stets mit die günstigsten
Ausbeuteziffern aufzuweisen gehabt.

[2]) Die Höhe der Erträge des Getreidebaues ergiebt sich aus einer Zusammen=
stellung in Bd. LIII der Statistik b. D. R. VII, S. 6. Danach nimmt das Groß=
herzogthum im Durchschnitt der 4 Jahre 1878/81 unter den 88 Gebietstheilen
der Höhe des Ertrages entsprechend:

bei Roggen	den 73.	Platz ein,		
„ Weizen	„ 83.	„	„	
„ Gerste	„ 82.	„	„	
„ Hafer	„ 78.	„	„	
„ Kartoffeln	„ 81.	„	„	

Es gehört also durchweg zu den ertragreichsten Landstrichen.

lands und die Auswanderung zählt zu den chronischen Krankheiten, unter denen das Land mehr als andere deutsche Staaten leidet.

Einige Zahlen, der deutschen Reichsstatistik entlehnt, mögen das beweisen. Nach der letzten Volkszählung vom 1. Dezember 1880 hat Mecklenburg-Schwerin 577,055 Einwohner und auf jeden Quadratkilometer Flächeninhalt 43,4 Menschen, während im ganzen Deutschen Reiche durchschnittlich beinahe doppelt soviel, 83,7 auf die gleiche Fläche kommen, und von allen deutschen Staaten nur Mecklenburg-Strelitz mit 34,2 noch ungünstigere Bevölkerungsziffern aufzuweisen hat.

Die Auswanderung, die Ausgangs der siebenziger Jahre wie überall in Deutschland etwas nachgelassen hatte, ist in neuester Zeit wieder zu größeren Dimensionen angewachsen. Die amtlich nachgewiesene überseeische Auswanderung betrug:

1871	4,147	Seelen,	1877	365	Seelen,
1872	8,350	=	1878	422	=
1873	6,492	=	1879	519	=
1874	1,937	=	1880	1,335	=
1875	850	=	1881	3,795	=
1876	453	=	1882	6,154	=

Auf 1000 Einwohner der durchschnittlichen Bevölkerung kommen in den 10 Jahren 1871—1880 4,38 Auswanderer, während für das ganze deutsche Reich die Ziffer nur 1,45 beträgt. Mecklenburg hat damit unter allen deutschen Landen die höchste Auswanderungsziffer, ihm am nächsten steht das unter ähnlichen Zuständen leidende Pommern mit 4,33, während das nächste Land, Posen, nur 3,34 Auswanderer aufweist. Im Jahre 1882 sind sogar 10,61 pro mille nach überseeischen Ländern gewandert, während nur 4,26 %/oo aus ganz Deutschland verzogen sind, Pommern dagegen noch stärkere Verluste erleidet, indem 14,50 %/oo ihre dortige Heimath verließen, 1881 sogar 16,3 von 1000 Einwohnern in fernen Ländern eine glücklichere Zukunft sich zu begründen suchten.

Zu dieser amtlich constatirten kommt noch eine fast ebenso große nicht nachgewiesene Auswanderung hinzu; denn aus der Differenz zwischen der bei den Volkszählungen constatirten Volksmenge und der aus der natürlichen Zunahme durch Mehrgeburten berechneten Volkszahl resultirt für Mecklenburg ein Verlust von 17,932 Seelen in der Zeit vom 1. December 1871 bis dahin 1880. Kein Wunder daher, wenn die Zunahme der Bevölkerung eine sehr geringfügige ist und Jahre lang sogar eine Abnahme derselben constatirt wurde, wie die folgenden Zahlen zeigen. Es betrug die Bevölkerung:

im Jahre	1864	552,612	Seelen,
=	1867	560,586	=
=	1871	557,707	=
=	1875	553,785	=
=	1880	577,055	=

Die Erscheinung ist für die Landwirthschaft um so weniger erfreulich, wenn man dabei bedenkt, daß Mecklenburg unter allen Provinzen und Staaten Deutsch-

lands die geringste Sterblichkeitsziffer [1]) aufzuweisen hat und anderer=
seits die Volkszahl der Städte sich stetig und theilweise ziemlich bedeutend ver=
mehrt hat.

Klagen über Mangel an tüchtigen Arbeitskräften sind daher
seitens der Landwirthe mehr als einmal laut geworden, und im Beginne der
siebenziger Jahre steigerte sich hier wie in vielen deutschen Landen der Arbeiter=
mangel zu einem wahren Nothstande für die Bodencultur. Seitdem sind jene
Klagen mehr und mehr verstummt, jedenfalls ist die Noth heute nicht annähernd
so groß als vor 8—10 Jahren und wo man, wie beispielsweise zur Rüben=
cultur zahlreichere Arbeitskräfte nöthig hat, da hat man es verstanden, ebenso
wie in andern rübenbauenden Gegenden fremde Arbeiter aus Schlesien, West=
preußen oder Posen für die Sommermonate heranzuziehen.

Daß die ländlichen Tagelöhner in Mecklenburg zur Zeit gut gelohnt und
meistens auch gut gehalten sind, ist bekannt; es hat sich hier namentlich bei
den sogenannten Hoftagelöhnern, die in der Wohnung des Arbeitgebers wohnen,
auf jährliche Kündigung stehen und täglich zur Arbeit verpflichtet sind, die
Naturalwirthschaft insofern erhalten, als der größte Theil des Lohnes nicht in
Geld, sondern in Naturalien geliefert wird [2]). Das bewährt sich in vieler

---

[1]) Es starben von 1000 Einwohnern der mittleren Bevölkerung

	in Mecklenburg-Schwerin	im Deutschen Reiche
1878	21,66	27,79
1879	21,32	27,14
1880	22,04	27,52
1881	20,87	26,91

[2]) Nach den Angaben eines uns befreundeten Rittergutsbesitzers in der Nähe
von Rostock erhalten die Hoftaglöhner folgende Löhnung. An baarem Gelde:

der Mann pro Arbeitstag . . . . . 64 Pfg.
der Hofgänger pro Arbeitstag . . . . 36 „
die Frau im Sommer pro Arbeitstag 60 „
  „   „   „   Winter   „   „   50 „

Dazu freie Wohnung, für welche der Höfgänger aber 50 Tage ohne baaren Lohn zu
arbeiten hat. Ferner an Land von der Gutsherrschaft gedüngt und zur Saat
bearbeitet:

60 ☐Ruthen zu Roggen,
75   „   „ Kartoffeln,
45   „   „ Lein
60   „   „ Hafer

also in Summa genau 2 preußische Morgen. Das Haferstroh verbleibt dem Gute.
Den Garten von 30 ☐Ruthen haben die Leute selbst zu düngen. Jeder Taglöhner
hält 1 Kuh, die im Sommer auf der Gutsweide mit geweidet, im Winter im Guts=
stall mit Heu und Stroh, wie die Gutskühe, aber ohne Kraftfutter, Rüben ꝛc. ge=
füttert wird. Er hält ferner 2 Gänse zur Zucht, die im Sommer in der Brache,
im Herbst auf den Stoppeln geweidet werden und giebt für die Weide die 10. Gans
an die Gutsherrschaft ab. Schweine und sonstiges Federvieh haben die Leute selbst
zu erhalten. Statt der Schafhaltung bekommt jede Familie 9 Mark jährlich. An
Feuerungsmaterial werden 1½ Fuder Buschholz geliefert und jeder Familie gestattet,
sich auf dem Torfmoor 9000 Soden Torf zu bereiten. Nach der Ernte erhält jeder
Tagelöhner 10 Pfund Fleisch oder 8 Mark baar. Das Haupterverdienst besteht im
Drescherlohn und wird bei Handdrusch der 15., bei Maschinendrusch der 20. Scheffel
geliefert. Vom 1. April bis 1. October können die Leute alle 14 Tage 1 Scheffel

Beziehung, namentlich auch insofern, als durch das Dreschen des Getreides gegen Antheil am Product der Tagelöhner an der Höhe des Rohertrages ein directes Interesse hat, daher bei Ernte- und Bestellungsarbeiten möglichst sorgfältig vorgeht. Von Noth und Armuth, von mangelhafter Ernährung und dadurch bedingter Verminderung „der Arbeitskraft und körperlichen Frische" ist unseres Wissens unter dieser Bevölkerungsclasse wohl n i r g e n d s d i e R e d e, im Gegentheil glauben wir, daß die mecklenburgischen Tagelöhner, Knechte und Mägde z u d e n b e s t g e n ä h r t e n u n d k r ä f t i g s t e n in ganz Deutschland zu rechnen sind. Wir theilen in der Anmerkung [1]) einen Küchenzettel für das Gesinde eines Rittergutes in der Nähe von Rostock mit, das, da der Besitzer erst seit einigen Jahren das Gut übernommen und an den hergebrachten Einrichtungen nichts geändert hat, wohl nicht besser, aber gewiß auch nicht schlechter verpflegt sein wird, als auf den meisten Gütern hiesiger Gegend. Die beigefügten Angaben für die Beköstigung der „fremden" Arbeiter zeigen, daß auch diese nur vorübergehend beschäftigten Arbeiter gleichfalls reichlich ernährt werden und hohe Löhne erhalten.

Arbeiter, die Geld auf Zinsen haben, die in Häuslereien oder Büdnereien oft mehrere hundert Thaler Hypotheken eingetragen haben, sind daher nicht selten, und wahrlich, n i c h t d i e m a t e r i e l l e N o t h ist es, die unsere länd-

---

(56 Pfund) Roggen zum Preise von 3 Mark 50 Pf. von der Herrschaft kaufen. — Arzt und Apotheke haben alle frei, zu Schulgeld und Steuern zahlen sie nur einen Theil der Lasten. Für Extraarbeiten werden besondere Vergütungen geleistet, z. B. erhält der Säer 25 Pfg. pro Tag extra.

[1]) Zunächst erhalten die Knechte an Brod wöchentlich 14 Pfund, die Mägde 10 Pfund. An Butter oder Schmalz wird geliefert den Knechten und Mägden:

vom 24. October bis 15. März täglich 25 Gramm,
„ 15. März „ 24. Juni „ 50 „
„ 24. Juni „ 1. October „ 75 „
„ 1. October „ 24. October „ 50 „

außerdem Sonntags 25 Gramm Butter und 25 Gramm Schmalz extra. Die Morgensuppe wird für 6 Knechte und 4 Mägde im Winter mit 5, im Sommer mit 7 Liter Milch gekocht, Sonntags wird Kaffee verabreicht. Jeden Mittag giebt es zuerst Suppe von 6 resp. 8 Liter Milch und täglich Fleisch, die Portion ca. 100 Gramm, dazu Kartoffeln, Suppkartoffeln und dreimal „zusammengekochtes Essen", in welchen Kartoffeln, Gemüse und Hülsenfrüchte mit Bouillon zu einer dicken Suppe zusammengekocht werden. Sonnabend Mittag erhält jeder 1 Hering. An Festtagen wird Mittags Braten mit Pflaumen und Reis verabreicht, außerdem 3 Weinflaschen voll Branntwein und jedem Knecht 2, jeder Magd 1½ Pfund Feinbrot, sowie 1 Semmel (Kuchen) gegeben. Des Abends beginnt die Mahlzeit gleichfalls mit Milchsuppe, dann wird das gewärmte Essen vom Mittag gegeben, Sonntags auch Abends Fleisch, Montags Kartoffeln mit Hering und „Specktippe". Die „fremden" Arbeiter, d. h. die von außerhalb herangezogenen, die während der Arbeitszeit auf dem Gute beköstigt werden, erhalten die volle Leutekost, dazu in der Heuernte 14 Pfund Brod wöchentlich, mit täglich 50 Gramm Butter, sowie Fleisch oder Speck zum Frühstück und zum Vesper; in der Kornernte noch außerdem je 1 Stück Käse oder Wurst und Branntwein zum Frühstück und Vesper. An Lohn erhalten die „fremden" Arbeiter im Sommer 1 Mark 50 Pf., in der Ernte 1 Mark 75 Pf. und volle Beköstigung; im Winter 1 Mark bis 1 Mark 25 Pf. und Kostessen, d. i. das Essen des Gesindes ohne Brod und Butter. Der Lohn der Knechte schwankt zwischen 135—150 Mark jährlich. Die Mägde erhalten 100—120 Mark, dazu 15 Mark für Leinen und 3 Mark für Wolle extra.

liche Bevölkerung über den Ocean treibt, sondern, abgesehen von anderen Ur=
sachen, wohl eher ihr wachsender Besitz, den sie in der Heimath nur schwer in
Grundeigenthum anlegen können, den sie deshalb lieber zum Fundament für
eine glücklichere Existenz im fernen Amerika zu machen suchen.

Zwar hat sich, wie wir oben gesehen haben, die Gelegenheit, Grundbesitz
zu erwerben, bedeutend vermehrt. Tausende von Häuslereien sind entstanden und
ebenso viele kleinbäuerliche Besitzungen stehen eventuell zum Ankauf zur Ver=
fügung; aber trotzdem nimmt die Auswanderung der landwirthschaftlichen Lohn=
arbeiterfamilien wieder bedeutend zu. Der Grund mag mit darin liegen, daß
die Büdnereien für diese Classe von Leuten zu theuer sind, Theile derselben
aber nicht erworben werden können, und daß der Erwerb von Haus und Garten
vielen nicht genügt, weil sie dann der ungewissen Existenz des freien Tagelöhners
ausgesetzt sind, der nicht immer auf dauernde und lohnende Beschäftigung rechnen
kann. Es kommt wohl hinzu, daß Häuslereien fast ausschließlich auf doma=
nialem Grund und Boden errichtet sind, daß aber ihre Insassen gar oft, wegen
mangelnder Arbeitsgelegenheit im Dorfe selber, auf Arbeit in den benachbarten
ritterschaftlichen Gütern angewiesen sind, und es für diese Leute wenig ver=
lockend sein kann, oft stundenweit vom eigenen Herde entfernt beschäftigt zu
werden und wochenlang der Familie entzogen zu sein. Wäre ihnen bei dem
Gute selbst, wohl gar in dem Heimathsorte, die Gelegenheit zum Erwerb von
Eigenthum geboten, so würden wohl weniger Familien dem Lockrufe der Ver=
wandten in Amerika folgen und nach Veräußerung ihrer Habe über den Ocean
ziehen. So aber ist die Wahl nicht schwer, wenn es sich darum handelt,
hier für hohen Preis ein Häuschen zu erwerben, unsichern Lohn und Verdienst in
Aussicht zu haben, oder dorthin zu ziehen, wo Tausende von Mecklenburgern seit
Jahren, wie ihre Berichte lauten, eine bessere Existenz gefunden haben, wo jede
Familie einen oder mehrere Verwandte oder mindestens Bekannte in leidlichem
Wohlstande weiß, und gegründete Hoffnung hat, mit den hier erworbenen Spar=
pfennigen leichter und schneller zu Eigenthum und Besitz zu kommen.

Wie weit der Bauernstand selber Rekruten zu dem Heere der Auswanderer
stellt, ist für die Neuzeit nicht zu ermitteln, unwahrscheinlich ist es wohl nicht,
daß mancher jüngere Sohn, der durch den Anerben vom Hofe ausgeschlossen
ist und der nicht Gelegenheit findet, in eine Bauerstelle hineinzuheirathen, es
vorzieht, sich mit seinem Abfindungscapitale im Innern Amerikas eine Stätte
seines Wirkens zu schaffen, als hier für hohen Preis eine Büdnerei zu er=
werben, oder gar zum Häusler herabzusinken.

Fragen wir zum Schluß noch, was thut dem Mecklenburgischen Bauern=
stande noth? — so wird die Antwort zunächst negativ ausfallen, nicht, wie
anderswo die Einführung deutschen Erbrechtes, nicht Verbote
der Parzellirung der Bauernhufen, nicht Heimstättengesetze
oder Beschränkung der Verschuldbarkeit, nicht Erleichterung
von drückenden Communallasten, sondern eher im Gegentheil zunächst
eine größere Freiheit der Parzellirung, wenn auch nicht der kleinen,
so doch der großen Güter. Für die Bauernhufen, für die Büdnereien
tritt heutzutage wohl nur selten das Bedürfniß hervor zu theilen, oder kleine
Parzellen abzuzweigen, um durch den gewonnenen Kaufpreis die Last der Schulden
zu erleichtern; aber für alle Zeiten, selbst nur für längere Zeiten wird sich der

jetzt geschaffene Zustand fast absoluter Geschlossenheit des kleinen Grundbesitzes auch nicht aufrecht erhalten lassen, und wenn man der wachsenden Aus= wanderung steuern will, wird man freiere Bewegung des Grund und Bodens zulassen müssen.

Wünschenswerth wäre es aber vor Allem, daß endlich die großen Güter aus ihrer durch die ständische Verfassung zum Theil begründeten Geschlossenheit heraustreten, daß hier die Gelegenheit zum Grunderwerb unter günstigen Be= dingungen geschaffen würde, damit neben dem Rittergutsbesitzer ein freier Bauern= stand sich entwickeln, der Arbeiter sich zum Kleinbesitzer emporarbeiten kann, und daß, um das erreichen zu können, durch eine zweckentsprechende Landgemeinde= ordnung den Rittergutsbesitzern die Last der Fürsorge für diese auf „ihrem Grundeigenthum" entstehenden kleinbäuerlichen und Häuslercolonien abgenommen würde.

Dringend wünschenswerth wäre es ferner, daß die Bauern im ritterschaftlichen Landestheile endlich aus Frohn= oder Pachtbauern zu selb= ständigen Besitzern ihrer Hufen gemacht würden, damit sie endlich zu voller Entfaltung ihrer Kräfte Raum gewinnen und unter Benutzung des ihnen jetzt verschlossenen Realcredites zu intensiverer Cultur des heimatlichen Bodens übergehen können.

Noth thut es endlich, daß dieser, im übrigen Deutschland gerade von der Grundaristokratie jetzt so viel umworbene Bauernstand, den man mit Recht als den staatserhaltenden, als einen der wichtigsten Bestandtheile der modernen Gesellschaft hinstellt, daß dieser Bauernstand endlich auch bei uns in Gemeinde und Staat für mündig und gleichberechtigt er= klärt und ihm gestattet werde, da, wo es sich um seine eigenen, vitalsten Interessen handelt, mit zu rathen und zu thaten, so gut wie dem niedrigsten Arbeiter das Recht zusteht, in Sachen des Reiches seine bescheidene Stimme mit in die Wagschale zu werfen. Im Domanium ist ja durch die Fürsorge des Landesherrn die Bauern wenigstens in den Gemeinden die Verwaltung der eigenen Angelegenheiten anvertraut; aber die von demselben hochherzigen Landes= fürsten wiederholt an den Landtag gerichteten Vorschläge auch dem ländlichen Kleinbesitz Vertretung im Landtage und berathende und beschließende Stimme in Landesangelegenheiten zu verschaffen, sind bisher stets an dem Widerstande der Ritterschaft gescheitert und in den „Dörfern" der ritterschaftlichen Besitzer ist der Bauer nicht nur politisch, sondern selbst in der Gemeindevertretung mund= todt und noch heute wie früher der Hintersasse des gebietenden Gutsherrn.

Wir sind weit entfernt, in solcher Umbildung der Verfassung alles Heil für die Zukunft zu erblicken; unbestreitbar wird es aber sein, daß, wenn man dem Bauernstande seine ihm gebührende sociale Stellung im Staate anweisen und sichern will, man sein Schicksal nicht in die Hände von wenigen Bürger= meistern und den zufälligen Besitzern der Rittergüter legen darf. Denn nur wenn der mittlere und kleinere Besitz selbst Sitz und Stimme in den gesetz= gebenden Körperschaften hat, wird eine den Interessen des Standes wahrhaft entsprechende Umgestaltung der jetzt festgelegten Besitzesverhältnisse, — sobald sie nothwendig wird — in der Zukunft zu erhoffen sein.

Anlage.

Tabelle I. Zahl der Besitzungen und der Besitzer im Mecklenburgischen Domanium. 1883.

Domanial-Amt	Zeit- und Erbpacht-Höfe.		Bäuerliche Erbpacht-stellen		Haus-wirthstellen		Büdnereien		Häuslereien	
	Zahl	Besitzer	Zahl	Besitzer	Zahl	Besitzer	Zahl	Besitzer	Zahl	Besitzer
1. Bukow	11	11	29	29	101	101	138	134	111	111
2. Crivitz	11	11	23	23	133	133	206	206	148	148
3. Doberan . . .	23	23	58	57	230	230	594	593	107	107
4. Dömitz	5	5	14	14	197	197	255	255	84	84
5. Eldena	5	5	56	56	110	110	126	126	54	54
6. Gadebusch . . .	5	5	16	16	69	69	74	74	38	38
7. Grabow . . .	5	5	53	53	301	301	357	357	148	148
8. Grevesmühlen .	21	21	65	65	159	159	201	201	58	58
9. Hagenow . . .	7	7	44	44	207	206	387	386	190	190
10. Lübtheen . . .	—	—	32	32	74	74	246	246	59	59
11. Lübz	16	16	40	40	225	225	231	231	68	68
12. Mecklenburg . .	5	5	57	54	28	28	77	77	95	95
13. Neustadt . . .	5	5	60	60	311	310	304	304	191	191
14. Plüschow . . .	5	5	4	4	15	15	6	6	6	6
15. Redentin . . .	4	4	17	16	54	54	69	69	60	60
16. Rehna	5	5	9	9	86	86	55	55	29	29
17. Schwerin . . .	18	17	81	81	189	189	433	426	176	176
18. Sternberg . . .	9	9	15	15	21	21	55	54	37	37
19. Tobbin	3	3	6	6	22	22	32	32	34	34
20. Walsmühlen . .	2	2	19	18	30	30	52	42	7	7
21. Wittenburg . .	4	3	25	23	91	91	105	99	6	6
22. Zarrentin . . .	3	3	55	52	33	33	147	145	55	49
23. Bakendorf . . .	2	2	1	1	31	31	30	30	31	31
24. Boizenburg . .	14	14	121	121	133	133	284	284	61	61
25. Dargun	10	10	22	22	23	23	238	225	40	40
26. Gnoien	1	1	4	4	12	12	21	21	5	5
27. Goldberg . . .	10	10	21	21	83	83	120	120	73	73
28. Güstrow	19	18	52	51	143	143	180	180	90	90
29. Neukalen . . .	5	5	—	—	10	10	14	14	4	4
30. Plau	5	5	8	8	36	36	52	52	24	24
31. Ribnitz	7	7	51	51	93	93	866	866	43	43
32. Rossewitz . . .	6	6	6	5	19	19	26	625	7	7
33. Schwaan . . .	9	9	31	31	154	154	149	149	100	100
34. Stavenhagen . .	9	9	10	10	88	88	174	174	23	23
35. Sülze	7	7	3	2	8	8	13	13	17	17
36. Teutenwinkel . .	12	12	33	32	92	92	115	109	63	63
37. Wredenhagen .	4	4	15	15	54	54	131	131	42	42
38. Bützow	8	8	32	32	128	128	96	96	45	45
39. Marnitz	5	5	18	18	62	62	84	84	16	16
40. Rühn	4	4	15	14	63	63	118	115	14	14
41. Stift Schwerin .	4	4	35	33	14	14	96	96	21	21
42. Tempzin . . .	9	9	9	9	17	17	45	44	36	36
43. Warin	2	2	6	6	24	24	22	22	28	28
44. Neukloster . . .	7	7	7	7	71	71	179	199	78	77
45. Wismar Poel .	2	2	24	21	13	13	85	75	31	31
Summa:	328	325	1302	1281	4127	4125	7288	7221	2653	2446

Tabelle II. **Vertheilung des Grund und Bodens im Domanium.**
(100 Meckl. □ Ruthen).

Domanial-Amt	Erbpachtbesitz					Zeitpachtbesitz				
	Höfe	Bauern	Büdner	Häusler	Müller, Krüger, Schmiede 2c.	Höfe	Bauern	Büdner	Einlieger und Häusler	Müller, Krüger, Schmiede 2c.
1. Bulow	—	4 510	1 829	47	890	14 147	20 574	185	892	116
2. Crivitz	13 959	4 349	3 338	54	1 368	13 107	30 316	2 117	3 579	517
3. Doberan . . .	4 656	10 662	4 192	49	629	25 884	42 152	1 061	2 008	153
4. Dömitz . . .	9 360	3 687	7 178	59	675	814	40 928	485	4 172	68
5. Elbena. . . .	1 443	6 327	2 115	12	—	—	10 653	21	1 546	—
6. Gadebusch . .	—	3 520	699	7	97	11 253	16 446	91	900	233
7. Grabow . . .	1 529	9 051	10 481	85	390	9 467	49 378	450	5 573	34
8. Grevesmühlen.	1 710	9 169	2 055	14	367	24 697	24 445	25	743	58
9. Hagenow. . .	2 267	8 728	13 895	204	1 222	8 039	43 626	1 093	8 331	—
10. Lübtheen . .	—	5 411	5 347	28	48	—	10 839	2 059	198	157
11. Lübz.	2 986	7 719	3 140	17	1 651	28 731	43 568	1 867	2 720	694
12. Mecklenburg .	1 218	11 612	1 076	21	587	3 727	4 644	—	783	21
13. Neustadt. . .	2 070	5 677	4 255	118	621	11 036	55 451	6 216	7 335	55
14. Plüschow . .	—	438	56	1	98	6 611	2 766	—	34	131
15. Redentin . . .	589	2 570	644	22	590	6 707	8 797	—	613	2
16. Rehna	1 312	1 054	716	5	218	6 372	16 396	13	413	97
17. Schwerin . .	2 640	13 733	10 485	63	1 837	27 192	40 881	194	5 721	560
18. Sternberg . .	711	3 250	2 207	13	125	15 574	6 068	17	891	—
19. Toddin . . .	—	1 116	561	14	67	5 645	3 665	113	720	158
20. Walsmühlen .	—	2 475	590	7	252	2 442	3 923	—	482	21
21. Wittenburg. .	1 499	5 756	2 179	17	284	2 624	16 669	363	1 164	—
22. Zarrentin . .	—	10 328	2 910	20	24	4 470	6 634	243	1 180	180
23. Balendorf . .	—	—	858	10	469	3 221	4 472	—	635	—
24. Boizenburg .	4 800	18 400	4 687	24	1 448	5 539	25 035	371	3 372	218
25. Dargun . . .	769	2 588	1 830	9	386	20 408	22 897	445	1 760	393
26. Gnoien . . .	791	23?	185	2	62	3 335	3 213	68	450	14
27. Goldberg . .	4 133	3 656	1 432	39	728	19 190	16 399	663	1 333	128
28. Güstrow . . .	2 922	11 895	1 650	29	733	33 020	32 662	1 100	2 551	458
29. Neukalen . .	—	—	272	—	28	9 377	2 800	—	244	39
30. Plau	—	1 441	594	14	32	11 034	6 599	1 215	659	106
31. Ribnitz. . . .	1 407	9 846	8 759	27	645	6 254	14 609	2 111	479	—
32. Rossewitz . .	—	1 291	163	2	105	12 215	4 896	314	505	407
33. Schwaan . .	979	5 977	2 073	24	790	20 095	37 445	204	844	—
34. Stavenhagen .	2 565	1 848	1 245	5	404	10 921	11 954	29	713	336
35. Sülze	—	169	287	4	21	13 633	930	106	106	118
36. Teutenwinkel .	2 225	5 394	1 510	24	1 169	15 392	20 088	29	538	—
37. Wredenhagen .	2 964	2 107	1 611	17	981	6 925	11 110	316	1 927	32
38. Bützow . . .	1 950	4 537	975	14	872	5 983	24 261	350	1 845	58
39. Marnitz . . .	1 881	2 375	1 671	5	1 451	5 406	14 563	1 649	1 459	—
40. Rühn	—	1 504	1 224	3	814	6 576	17 748	455	641	—
41. Stift Schwerin	974	8 209	1 100	5	214	5 400	2 896	—	690	343
42. Tempzin . . .	2 009	3 569	959	7	499	6 184	4 791	170	801	—
43. Warin	3 712	778	311	11	234	—	5 401	31	517	67
44. Neukloster . .	—	1 574	2 399	15	502	11 041	15 339	190	1 838	86
45. Wismar Poel.	—	7 545	143	3	—	3 068	4 457	247	53	—
Summa:	82 080	225 821	115 744	1 171	24 632	463 755	793 580	24 618	75 639	6 101

Tabelle III. **Vertheilung des Grund und Bodens im Domanium.**
(100 Mecl. □Ruthen). Fortsetzung.

Dominial-Amt	Geistliche Grundstücke	Schul-Ländereien	Ländereien für Ämts- und Forst-officianten¹)	Zum Verpachten auf kurze Zeit reservirt	Forstgrund		Gewässer und Unbrauchbar	Total-Summe
					Holzboden	Torfboden		
1. Bukow	1 367	294	516	158	5 042	285	1 123	51 980
2. Crivitz	1 710	498	1 298	118	24 500	533	4 748	109 064
3. Doberan	1 607	354	1 495	3 279	14 677	612	2 762	116 230
4. Dömitz	434	736	1 357	650	41 466	213	4 084	116 366
5. Eldena	113	172	260	73	1 322	45	1 284	35 388
6. Gadebusch	51	160	571	120	4 927	1 443	1 096	41 614
7. Grabow	904	843	1 566	828	29 249	112	3 256	123 197
8. Grevesmühlen	559	436	744	47	7 648	830	47	2 585
9. Hagenow	983	829	2 418	671	34 523	291	4 713	131 834
10. Lübtheen	319	429	792	157	12 178	31	860	38 696
11. Lübz	3 494	552	1 151	449	17 946	989	17 762	135 436
12. Mecklenburg	1 573	141	254	486	3 240	158	1 322	30 866
13. Neustadt	1 543	877	2 252	9 733	23 279	475	4 925	135 915
14. Plüschow	281	50	43	—	1 265	65	141	11 978
15. Redentin	87	182	240	220	2 327	176	566	24 332
16. Rehna	330	171	535	130	2 788	252	682	31 485
17. Schwerin	2 230	801	1 396	2 900	29 106	2 292	43 277	175 309
18. Sternberg	2 230	146	823	12	9 390	191	5 135	46 773
19. Tobbin	2	105	254	3	2 668	20	660	15 773
20. Waldmühlen	—	119	203	97	2 902	179	875	14 567
21. Wittenburg	489	308	512	614	7 986	235	1 388	42 088
22. Zarrentin	315	218	350	365	4 707	412	2 073	34 429
23. Balkendorf	156	136	206	8	2 600	35	556	13 364
24. Boizenburg	978	690	1 350	1 679	11 868	282	3 743	84 479
25. Dargun	2 208	334	999	962	7 987	317	4 763	69 055
26. Gnoien	15	68	202	10	4 463	—	303	13 413
27. Goldberg	697	300	1 165	1 803	18 885	287	6 426	77 362
28. Güstrow	1 307	594	1 320	1 584	15 737		9 914	117 477
29. Neukalen	126	67	356	—	3 223	184	2 984	19 777
30. Plau	4	87	490	39	8 753	31	1 578	32 673
31. Ribnitz	613	311	1 710	1 466	5 637	769	1 225	55 872
32. Rossewitz	—	133	453	136	2 658		209	23 487
33. Schwaan	1 064	485	899	1 353	3 496	900	2 116	78 645
34. Stavenhagen	400	181	759	136	7 235	317	871	39 918
35. Sülze	—	58	242	1 271	2 418	106	285	19 756
36. Teutenwinkel	309	326	382	469	2 022	480	825	51 179
37. Wredenhagen	1 158	178	855	527	5 937	62	7 570	44 272
38. Bützow	627	382	612	326	14 635	333	2 040	59 802
39. Marnitz	1 063	266	469	1 522	6 816	245	1 485	43 327
40. Rühn	529	262	213	112	6 336	212	1 796	32 425
41. Stift Schwerin	249	106	248	174	1 948	392	2 314	25 361
42. Tempzin	219	89	466	98	5 676	112	1 787	27 437
43. Warin	89	119	536	39	5 094	254	2 120	19 312
44. Neukloster	519	450	523	238	8 390	157	2 660	45 920
45. Wismar Poel	226	55	105	48	9	—	603	16 564
Summa:	33 266	14 070	33 577	37 266	449 779		153 350	2 534 402

Tabelle IV. Die Veränderungen des bäuerlichen Besitzstandes in den Gütern der Ritterschaft.

Ritterschaftliches Amt	1755 „Alter Hufenstand" Bauern	1755 Cossaten	1794	1800	1810	1820	1830	1840	1850	1860	1865	1870	1875	1880	1883
1. Butow	284	82	100	98	84	86	87	79	78	77	80	80	74	74	74
2. Tribih	119	47	44	37	37	40	37	37	37	37	36	36	36	36	36
3. Gadebusch	111	28	106	106	98	87	69	77	82	78	88	88	88	88	88
4. Grabow	63	28	78	68	63	55	47	48	46	47	62	62	62	62	62
5. Greveesmühlen	356	79	274	310	310	295	261	252	250	240	242	242	233	234	234
6. Lübz	197	32	118	94	65	73	71	73	64	63	58	58	58	58	58
7. Mecklenburg	122	36	50	41	38	37	37	32	32	34	27	27	29	29	29
8. Neustadt	120	30	26	23	21	23	23	25	23	26	25	25	25	26	26
9. Schwerin	143	24	102	76	70	65	67	60	66	69	72	72	64	64	64
10. Sternberg	69	26	16	9	9	9	9	9	9	12	10	11	11	11	11
11. Wittenburg	282	55	282	224	222	210	187	170	161	160	147	147	152	159	159
12. Zvenad											12	12	12	12	12
I. Herzogthum Schwerin	**1866**	**467**	**1196**	**1086**	**1017**	**980**	**895**	**862**	**848**	**854**	**859**	**860**	**844**	**853**	**853**
13. Boizenburg	88	4	46	50	45	42	42	37	37	37	43	51	76	69	69
14. Gnoien	242	52	61	45	43	39	39	30	30	30	31	31	31	32	32
15. Goldberg	78	13	45	41	41	39	39	37	35	32	32	32	32	32	32
16. Güstrow	389	62	135	120	114	91	89	90	89	86	89	89	89	89	89
17. Neukalen	116	15	50	43	43	33	33	29	29	28	30	30	28	28	28
18. Plau	30	7	7	4	4	4	4	4	4	4	4	4	4	4	4
19. Ribnih	199	37	49	44	41	44	27	29	38	38	36	36	36	36	36
20. Schwaan	31	4	7	3	3	3	3	3	3	3	24	24	24	24	24
21. Stavenhagen	461	83	231	219	210	183	179	170	167	163	163	164	164	166	166
22. Wredenhagen	198	90	126	107	103	98	86	84	84	83	96	96	96	92	92
II. Herzogthum Güstrow	**1832**	**307**	**757**	**676**	**647**	**576**	**541**	**547**	**542**	**532**	**554**	**563**	**579**	**569**	**569**

(Gesamtsumme der „Alter Hufenstand" Bauern und Cossaten: 4472)

www.ingramcontent.com/pod-product-compliance
Lightning Source LLC
Chambersburg PA
CBHW022036080426
42733CB00007B/856